COLLECTION L'APPEL DES MOTS
DIRIGÉE PAR ROBBERT FORTIN

Tous les poèmes de *L'Inoubliable* – œuvre unique déployée en trois démarches pour l'édition : *Chroniques I, II* et *III* – ont été écrits entre le 2 janvier 2003 et le 26 mars 2004. Pour composer les volumes, j'ai respecté le cours ou l'avancée et l'entrecroisement des poèmes selon leur date d'écriture ; chaque texte étant placé dans tel ensemble en accord avec l'axe, le pôle de convergence que j'ai entrevus pour chacun des livres.

Le poème intitulé « Le mot » a paru sous une première forme dans la revue *Brèves*, et « Vie en vertige », « La fontaine », « Miséricorde », dans *Contre-jour*.

Je remercie Robbert Fortin de m'avoir autorisé à reproduire sa gravure.

F. O.

L'Hexagone bénéficie du soutien de la Société de développement des entreprises culturelles du Québec (SODEC) pour son programme d'édition.

Gouvernement du Québec – Programme de crédit d'impôt pour l'édition de livres – Gestion SODEC.

Nous reconnaissons l'aide financière du gouvernement du Canada par l'entremise du Programme d'aide au développement de l'industrie de l'édition (PADIÉ) pour nos activités d'édition.

Nous remercions le Conseil des Arts du Canada de l'aide accordée à notre programme de publication.

L'INOUBLIABLE

FERNAND OUELLETTE

L'Inoubliable

Chronique I

Poèmes 2003-2004

l'HEXAGONE

Éditions de l'Hexagone
Une division du groupe Ville-Marie Littérature
1010, rue de La Gauchetière Est
Montréal, Québec H2L 2N5
Tél.: (514) 523-1182
Téléc.: (514) 282-7530
Courriel: vml@sogides.com

Maquette de la couverture: Josée Amyotte
En couverture: © Œuvre de Robbert Fortin

Catalogage avant publication de Bibliothèque et Archives Canada
Ouellette, Fernand, 1930-
L'Inoubliable: Chronique I
(Collection L'appel des mots)
Poèmes.
ISBN 2-89006-725-4
I. Titre. II. Collection.

| PS8529.U4I56 | 2005 | C841'.54 | C2004-941927-7 |
| PS9529.U4I56 | 2004 | | |

DISTRIBUTEURS EXCLUSIFS:

• Pour le Québec, le Canada et les États-Unis:
LES MESSAGERIES ADP*
955, rue Amherst, Montréal, Québec H2L 3K4
Tél.: (514) 523-1182
Téléc.: (450) 674-6237
* Filiale de Sogides ltée

• Pour la Belgique et la France:
Librairie du Québec / DNM
30, rue Gay-Lussac, 75005 Paris
Tél.: 01 43 54 49 02
Téléc.: 01 43 54 39 15
Courriel: liquebec@noos.fr
Site Internet: www.quebec.libriszone.com

• Pour la Suisse:
TRANSAT SA
C.P. 3625, 1211 Genève 3
Tél.: 022 342 77 40
Téléc.: 022 343 46 46
Courriel: transat-diff@slatkine.com

Pour en savoir davantage sur nos publications,
visitez notre site: www.edhexagone.com
Autres sites à visiter: www.edtypo.com • www.edvlb.com
www.edhomme.com • www.edjour.com • www.edutilis.com

Dépôt légal: 1er trimestre 2005
Bibliothèque nationale du Québec
Bibliothèque nationale du Canada

LA CIBLE

Et l'homme en voie d'éveil,
Qui arde,
Quelquefois travaille
Comme un grand arc
Que tendent les appels de l'enfance,
Ou comme une lyre
Cristallise les sons clairs…
Il va, avec calme,
Défie tous les abysses
Qu'il côtoie soudainement.

Et surtout,
Songe à l'arche immense en lui
Qui laisse advenir le solaire,
Lance de fines passerelles,
Au-dessus de l'ouvert,
Qui traversent l'infini en silence.

Mais rien n'empêche l'esprit,
Par accablement, sans guide,
De s'égarer dans les enfers,
Alors que chaque matin tout se renouvelle,
S'accorde avec la stupeur au loin
Qui provient de la mer,
Dès que brutalement disparaît le soleil.
Ni de subir la brûlure,
En plein désert,
D'une soif à ras de sol,
De souffrir l'absence inacceptable
De la rose…

Et lorsque tout s'apaise de nouveau
Auprès de l'horizon,
L'éveillé soutient l'élan
De ce qui passe par l'arbre,
S'abandonne à l'oiseau
Pour mieux atteindre les hauteurs.

Même si tant de cibles vacillantes,
Tant d'éclats
Sur son parcours,
Se proposent et fuient
À l'orée du firmament,
Au contour d'une cime,
Là où le bleu paraît si proche.

LÉVITATION

Il suffit de peu.
D'une quiétude lumineuse
Qui baigne la pensée.
D'une simple lévitation du cœur
Atteint par le sourire
D'un enfant.

L'univers prend alors
La légèreté d'une couleur
D'aquarelle, et se presse
Silencieusement, sans discipline,
Sur les douleurs,
Sur le mouvement secret qui a perdu
La cadence des battements.

Mais je m'effare aussi
À la moindre alerte,
Dès qu'un proche
S'éloigne de mon passage,
Ou ferme la voie,
S'installe discrètement
Dans un lieu qui m'est inhabitable.

À moins que, par grâce, le désir
Parfaitement épuré
S'approche du seul buisson
Qui tente de le consumer,
Tout en le rendant inconsumable.
Suive l'oiseau ascendant
Qui se perd, pique,
Aspiré
Par l'ultime blancheur du jour.

ACTUALITÉ

Tout se met à divaguer,
Et le soleil même dans la façon de se diffuser.
Tout nous déroute
Avec une brutalité envahissante.
On croirait que l'intime
Est réduit au seul poids du corps,
Et s'affale dans l'air,
Comme si rien
Ne pouvait le porter.

Tout s'effrite
Dans un tumulte de malveillances
Et de calamités.
Le temps, l'histoire,
Absorbe tant d'êtres
Frappés d'épouvante.

Une folie envahissante,
Par bourrasques,
S'acharne à découvrir
Nos plaies,
À provoquer les paroles dures,
Déboussolantes,
De celui qui se referme.

Là-bas, des enfants,
Craintifs auprès
Des dunes de sable, se cachent
Les yeux avec des pierres
Pour ne rien voir venir
Qui tombe du ciel.

PRÈS DE L'ÉCHÉANCE

À Sophie.

Face à l'échéance
Du souffle et de l'essor,
Comment, d'une seule volée,
Retrouver des vocables ?
Lancer hardiment mes désirs
Au-dessus des arbres.

Ah ! le temps suffoque.
Le monde est si étroit…
Trop de chemins débouchent
Sur la pierraille,
Sur la ronceraie.
Trop d'illusions de splendeur nous sollicitent.

L'espoir n'a guère de latitude,
S'il ne peut capter sans cesse,
Avec ténacité, les éléments
De ciel entiers qui défilent.
S'il ne parvient à mettre à nu les cimes
Qu'invente l'altitude.

C'est pourquoi je parle de lumière
Avant que la nuit se tasse
Dans mes limites.
Qu'il ne soit trop tard
Pour préserver l'éclat.

Je soutiens le cœur
Qui doit demeurer bien franc
Pour parler lumineusement aux petits
De la mer qu'ils n'ont jamais vue ni entendue.
Pour mieux atténuer les clameurs
Qui les pressent,
Les images qui les agressent
Au pourtour du rêve.

Et plus avant, je vais une autre fois
Vers les rivages
Que dégage le soleil,
Au plus fort du bleu.
Avant que tout se taise,
Se dérobe.
Et je reste immobile,
Respirant doucement
Le sacré qu'entrouvre
Le silence.

VOLCAN

Qui ne se réveille
En chute libre,
En mal de corps,
Comme en perdition,
En manque d'air et de fraîcheur,
Avec des fissures
Finement ouvertes.

Se dégagent malgré tout là-haut
D'étroites échancrures,
Tout au vrai du regard.
Tandis que l'être naturellement
Questionne sa solitude, réfrène ses démons,
Secoue sa mémoire trop encombrée,
Dès qu'il prolonge son ascension.

L'humain, même indécis,
Asséché, en lui prépare
Une percée possible
Au-delà du corps ;
Comme si, resté vif,
Il pouvait sans cesse
Abolir l'insensé extrême de sa vie,
Maintenir la courbe
D'un arc ou d'une spirale,
Quand il projette
De hauts moments d'amour,
Tel un volcan jeune encor.

Et lorsque tout s'esquive,
En apparence,
Grésille dans les braises,
Gronde parmi les fumerolles
Qui masquent le jour :
L'âme peut enfin
Détonner joyeusement
Et s'élancer vers ce qui l'attire.

EN ÉQUILIBRE

J'habite quelquefois les berges,
Ainsi que de grands oiseaux
Reposent, se tiennent
À l'écart du tumulte,
De l'immensité.

J'écoute,
Comme apaisé,
Les arbustes qui virent à fleurs.
Le temps s'élargit.
Je m'abandonne, plus léger,
Aux griseries des espoirs
Qui m'occupent,
Aux courants du large.

La vie si proche,
Trop souvent muette et sans armure,
En tremble d'émoi,
Comme si elle pressentait
De prochaines secousses illuminantes,
Et que, par grâce, elle se voyait
Soudain pressurée
Par l'enchantement
Qui bientôt va nourrir
Ses secrets.

Le vivant sait bien,
Dans son travail d'allégresse,
Que tout ce qui a mûri,
Dans ses propres ténèbres,
Va prochainement se mettre à respirer,
Ainsi que le vent descend des sommets,
Aspire à l'unisson avec la mer.

VARIATIONS DIABELLI

À Wonny Song.

Lorsque les sons se relient
Avec des filaments de silence,
Et grâce à la nudité mate des notes,
Le largo s'impose
Comme un espace des parages
Qui ouvrent sur l'incommunicable.

Nous n'en finissons de choir,
De monter, de secouer l'abîme,
Mais sans transes, sans affres,
Paisiblement,
Parmi tant d'invisibles penchés
Sur l'infini.
Et tout veille sur la douleur humaine
Qui s'extrait de la bourbe,
Et de nouveau se met à parler bleu.

La musique, si bien adonnée
Au dépouillement,
Poursuit sa quête
Dans l'impénétrable,
Comme un enfant saisit
Sa planète en rêvant.

Les sons vont seuls, oscillant
Entre la nuit et le soleil,
Toujours sur l'axe qu'empruntent
Les anges.
Et le mouvement, la résonance,
Bien imprégnés de lueurs,
D'intemporel, soutiennent
De la sorte le merveilleux,
Comme un voyant, en essor,
Se tient auprès de la parole,
La préserve du naufrage.

Tout s'élève éperdu
À la rencontre de l'immense.
Et le sublime descend
Grandement comme un soleil
Brosse, colore nos grands soirs
De beauté et de veille.

FIN D'HIVER

Ici même, en nous,
L'aire du cœur est exiguë,
Et maladroite l'allégresse des béatitudes.
Même le langage en devient rude,
Avec trop d'aspérités.

La suffocation oppresse
Toute pensée qui s'efforce
D'emprunter un fil
Pour sa moisson,
Pour son silence,
Et tente tant bien que mal de déblayer
Quelques débris du monde.

Car l'humain, perdu
De solitude, de surdité,
Comme englouti,
Rabâche sa misère, ses deuils,
Ou s'en tient à ses rancœurs,
Néglige le matin,
Repousse l'opulence du jour.

Tout éclat ne peut que se claustrer
Dans les pupilles des enfants,
Tandis que les arbres rassemblent les oiseaux,
Les préparent à une terre en éveil,
Et qu'ici la rivière s'allège des glaces.
Déjà la saison prochaine, sur le qui-vive,
S'efforce d'aviver la sève,
De traiter les blessures des branchages.

Signes du printemps

La saison très intime et sombre,
Récif d'aigus et d'afflictions,
Provoque maints remous autour d'elle...
Tandis que des meutes
De nuages se rapprochent,
Et que là-bas dérivent
De hautes images de l'enfance.

Mais j'apprends à résister aux menaces,
À mes affolements,
Même lorsque le monde en fragments,
Avec multiples efforts, m'étiole, me rejette
Hagard, loin de la splendeur.

Non pas que la lumière soit muette,
Ni que je me retire sur le sommet des choses,
Dans les alpages du bleu,
Mais plutôt parce que la clarté
Trop fugace, qui m'exalte,
S'éclipse quelque peu fanée dans mes ombres,
Hors de tout élan.

Comme si momentanément
Je dépérissais
Sous des regards en mal de possession.
Ou que la tendresse avait déserté
Les langages
Qui émergent des arbres,
Des crêtes au fil de la mer.
Et que tout grisaillait d'épuisement,
De ténuité.

Et pourtant,
L'oreille se tourne encor aujourd'hui
Vers des silences inconnus,
Des modulations possibles.
Le soleil prochain retient sa puissance,
Dans l'en deçà des yeux,
Avant de laisser bien œuvrer
L'éblouissement.
Tandis que les couleurs naissantes du printemps
Prolifèrent, se condensent
Jusque dans les ravins.

Au soir, les bernaches, les oies
Commencent de cacarder auprès de la lune
En quête de sonorités inédites
– Comme si elles marquaient
Un fragment de nuit à coups de bec –,
Puis flèchent large,
Laissent luire le pourtour des ailes.

Bientôt, la beauté va dilater
Certains aspects du mystère,
En survolant des massifs.
Et une musique encor inaudible va croître
Depuis les étoiles les plus mates,
Depuis la mémoire la plus ancienne,
En grand arroi, plénitudes,
Lenteurs qui accompagnent les rives,
S'approchent des lisières du cœur.

PORTÉ PAR LE SILENCE

À Lise et Gilles Marcotte.

Le vent, ce matin, déferle
En m'enveloppant dans ses hardes,
Dans ses cauchemars.
Gonfle la rivière qui s'empanache d'écume
Pour mieux brouiller le paysage.
Tandis que les migrateurs
Vont profond traçant leur voie.

Un pareil trajet, contre la voûte,
Paraît dessiné avec une craie
Qui crisse sur l'air
Pour mieux tourmenter le regard.
Cela s'agite
Dans une cacophonie de disgrâces.
Puis, peu à peu,
Après le passage du cortège,
Le vide s'élargit
Dans les hauteurs,
Ainsi qu'une figure en gloire
Déserte une amande.

Or, quelquefois, il arrive
Que tout se rassemble lointainement
Depuis les merveilles,
Sans vertige.
Comme si une sonnerie immatérielle
Des quatre points de l'étoile
Convoquait le sacré.

Alors qu'un long voilier, plus bas,
Presque imaginaire,
Va sur un plan d'eau lisse,
Voilure au calme,
Toiles effilées comme des flammes.
Et que très haut les oies fusionnent
Avec des vents invisibles,
Sous un firmament soyeux comme un plumage.

(Il me prend, d'impatience,
Des obsessions de tournoyer
Pour m'alléger
Ou me libérer même
Avec des larmes contemplantes de plein soleil,
Retrouver ce que j'ai le mieux préservé
En moi de sublime, de plus près du divin.)

Et que se déploient enfin des pensées
Paisibles qui montent,
Si lumineusement modulées.
Et se dessinent les fines arabesques
Des moines qui psalmodient
En pénombre.

ENFERMEMENT

Ce qui semble un signe de déséquilibre
Révèle plutôt un être aux abois,
Assiégé par tout ce qui enfreint
Âprement la sérénité…
Atteint par une détresse osant
À peine remonter jusqu'au regard.

Comment demeurer intact,
Quand le dessèchement parcourt
Les continents, les humains,
Les langages?

Pour être la proie
De l'étroitesse, il suffit de peu:
Repousser ce qui ravit la mer,
Le trop-plein du tumulte, sourire
Face aux barques vides en dérive,
Aux vagues si vaines
Se brisant contre le rivage.

Trop souvent, comme figé, je me limite
À contenir en moi l'excès de souffrance,
Afin que ma vie apparente ne se déforme.
Ni que mes espoirs
Ne soient trop défigurés.
Je choisis d'abord de ne pas ratisser
Les débris qui proviennent
Des secrets de l'intime,
Ce qui demeure enfoui
Sous la mémoire.
Fuyant tout ce qui risque
De me donner le vertige,
De me déboussoler sur le sentier mal borné
De mes jours.

Et surtout, je me méfie
De la magnificence inédite
Autant que des martinets
Provenant de l'altitude,
Des lueurs diffusées
Dans le blotti bleuté en nous.

Et j'esquive la tâche d'illumination
Que le soleil à chaque aube engage.
Car rien ne peut
M'embraser davantage,
Mieux secouer ma parole,
Au moment où je suis si vulnérable,
À peine rassemblé.

RÉSONANCE

Je n'ai de cesse d'introduire
Un éclat de bleu, une cadence claire
Au sein de l'adversité.

Le plus souvent je suis de trop près
Les ombres propices, la corneille
Bruyante qui nous survole, embrouille
La paix de l'arbre,
Plutôt que de me livrer au merle
Dans le sens du chant.

Oui! nous avons tous mal…

Trop de ténèbres
Traversent les pupilles.
De pensées râpeuses
Se frottent au silence,
S'acharnent sur l'admirable.
Et tant de mirages
Essaient de s'insinuer
Dans la parole même
Qui revient de la mer.

Ainsi je tâche de me rapprocher
Des failles d'où jaillit le cri.
Non sans risque de m'attarder
Au creux d'un pourrissoir
Où l'amour se décompose.

Et je côtoie des êtres dont le cœur
Est solitaire comme un îlot de glace
Tournoyant sur le fleuve.
Il me faut pourtant encor espérer,
Même si je suis
Embourbé dans une infortune
Qui me rend amorphe et muet.

Quitter le sol,
Rejoindre l'horizon
Exige tant d'efforts de l'esprit.
Comme si l'azur allait à vau-l'eau,
Perturbait la grande aire des oiseaux,
Et que tout mettait en balance
Le grain de sable
Et l'indicible du soleil.

Malgré tout, je me sens touché,
Dès le premier souffle du jour,
Par une résonance étrange
Naissant de beautés qui s'attirent.

Y a-t-il musique
Plus ineffable,
Clarté plus silencieuse,
Qui m'exalte à chaque réveil,
Sollicite chacun de mes désirs?
Et me transforme,
Pour qu'enfin tout recompose
Dignement
L'amande tôt désertée par sa gloire?

EXPLORATIONS

Dans une tentative de limpidité
Et d'allégement
(Ou d'absurdité dirait
Celui qui ne ferait pas le voyage),
J'essaie de gravir même agité tout l'à venir,
De rejoindre les voyelles que le bleu consume
Depuis toujours dans les courbes du ciel.

À peine dans l'immense,
Je sens déjà le langage respirer
À pleine lumière.
J'entends battre l'esprit.
Et toutes musiques qui entrent en concert.
C'est une envolée
Dans le sonore comme dans l'espace,
Parmi des clartés
Que seul le soleil peut soutenir.

Il faut un regard bien affiné,
Et une ouïe que l'ange transfigure,
Pour qui s'aventure dans ses parages.
C'est une exploration à fond de jour,
Avant que la nuit ne s'épande.

Que reste-t-il, au retour, de la parole
Qui a su étinceler?
Quoi transmettre à ceux qui m'attendent
Sur le seuil, être et verbe en vigilance?

Et si je ne rapportais
Que des mots dégradés, calcinés,
Qui se sont trop rapprochés
Du noyau de glace brûlante,
Des cimes lointaines?
Des mots qui ont traversé
Vents et poussières
Éblouissantes?
Mais surtout comment laisser refroidir lentement
La flamme de l'âme
Qui retrouve la terre?

LE DIT DES PIERRES

À Thérèse et Robert.

On n'entre guère dans l'aride
Sans espérer des présages, des formes
En attente de l'humain.
Sans dévisager l'excès de l'étrange.
Ce qui paraît n'avoir aucune visée
Prochaine pour le plein accord,
Le début d'une glorification.

Nous apprenons péniblement à vivre
Avec la pierre.
À la rendre poreuse
Au courant premier du commencement.
À préparer tous regards à la constance,
Aux lueurs imperceptibles.
Car alors seulement peuvent s'apaiser
Les remous du sang.

Telle une feuille, une aile de libellule,
La roche a des veines presque imperceptibles
Qui la fragilisent, la rapprochent du végétal.
Même si elle n'a guère appris
À tressaillir sous le vent. À respirer.
À clamer sa détresse en entrant dans la nuit.

Il y a tant d'ombres enfouies, de figements
Dans les âges de la terre.
Tout en elle a été pensé
Pour consolider du silence,
La puissante profusion future ;
Pour se laisser ouvrir
Patiemment par la mer.

Chaque gemme, en liberté,
Est réservée pour la fête et le faste.
Tout est dit, quand elle nous émerveille
Dans l'apothéose du minéral :
Saphir, jade, rubis, cristal.
Dans une diversité d'astres miniatures
Qui accompagnent les voyages,
Et même les élévations, les couronnements.
Ou plus glorieusement dans la matière
Qu'animent les peintres,
Dans les incrustations translucides
Des objets familiers aux morts.

Au présent

En nous, commence à sévir
Le tourment le plus redoutable,
Dès que l'altitude
Devient opaque et noire.
Et que nous demeurons incapables
D'ascension
Sous les assauts répétés
De ce qui se ferme par-devant,
De ce qui clôt le paysage.

Le pur aujourd'hui paraît s'éclipser...

Plus rien ne parle de futur.
Et le pourrissement ininterrompu
Commence sa besogne,
Abolit notre lien avec le monde.
Travaille par morts successives.
Et tout, en l'instant,
Est frappé d'un effroi qui paralyse.

Nous pressentons d'abord que l'onde
Indécelable de la harpe céleste
Ne se rendra plus jusqu'à l'humain.
Que le soleil même a déjà perdu toute sonorité,
Se tait comme une timbale sans peau.
Le jour, pénétrant jusqu'au cœur,
Est hanté par le vide,
Et se met à tournoyer.
Ainsi que s'élargit la faille
Au seuil de l'intemporel.

L'aire des mouvements grandioses
S'est brutalement réduite.
L'imploration s'est dissipée,
Qui se nourrissait de l'immense.
Et les hauts plateaux, jadis franchis
À battements d'ailes,
Se dressent largement en murailles.
Tout silence froid progresse qui nous effare.
Tout bascule dans l'enfermement.

De pareille manière, le temps ravage
Les images les plus achevées,
Et nous ramène au désert,
Nous tasse contre les sables,
Sans aucun espoir d'oasis.

Il faut dès lors que tout se consume
Jusqu'au fond du regard.
Car il s'agit bien
D'infini.
Car le temps naissant
Ne se réfère plus qu'au présent,
À ce qui a une résonance divine.

DÉTRESSE

Dans tous les êtres : l'affliction…
Dès que la nuit les atteint.
Ou que l'oreille à vif
Perçoit les tocsins – même
Les plus feutrés qui secouent le ciel –,
Et que la pensée s'éloigne du clair de l'âme.

Si on apaisait seulement les visions
Affolées, maladives,
Qui se perdent parmi les nuées,
S'agrippent au faîte des arbres
Surpris par le vent.
D'autant lorsque le firmament,
Sans pitié, délie ses meutes,
Ses effrois par abondance d'éclairs.

La détresse tinte démesurément
Dans l'homme épouvanté,
Si pauvre d'harmonie,
En béance, en appel de clarté,
Éteint les yeux exténués de ne rien voir,
Sans aucune mémoire des étendues brasillantes.

Alors, pour qui est un peu attentif,
Les conques semblent vidées
Des rumeurs qui déferlaient de la mer.
Et dérivent avec l'écume
Les mouettes aux ailes brisées.

À perte de vue, les cimes ne relaient plus
Que des signes sans lueurs…
Ici et là, on se terre sous les futaies,
Dans les gouffres,
Dans les marais.

Les découragements s'amplifient
Dès que le mal se rapproche de ceux
Qui se figent, hébétés,
Face au mystère,
Prêts à toutes révoltes.

De pareilles frayeurs n'ont de cesse
De gronder dans le corps,
Si puissamment que l'être en délire
En brise son lien avec le monde,
Rompt le contact
Avec la tendresse opaline,
Naturellement songée par l'enfant.

REMOUS

Jamais je ne suis plus nu,
Plus infortuné qu'au retour du bleu,
Lorsque je m'éloigne du ravissement
Qui lentement m'a imprégné.
Comme si l'habitation du sol,
Le passage à travers les heures
Me délavaient,
Charbonnaient la lumière
Reçue comme une grâce en l'ailleurs.

Dès lors, le vide est si envahissant
Qu'il me semble
Que j'ai changé de saison, que l'hiver
A déjà ouvré tout ce qui va m'accabler.
Ou que je me suis retiré prostré
Dans une demeure sans fenêtres,
Dans une foire à bruits, un trou noir
Aspirant les rêves.

À l'orée du jour, il y a bien
Quelques indices d'apaisement,
Mais trop instables, trop ombreux,
Pour que j'entende le plain-chant de la fontaine,
L'alarme du désir en péril.

Le désarroi dissipe les pensées,
Comme une tornade arrache les arbres.
Et celui qui semble si près de nous
Continue de parler avec le sourire
Convenable des sourds et des aveugles,
De qui n'a guère d'oreille
Pour le malheur,
Ni l'envie d'accompagner
Le voyageur troublé.

Ne pas pouvoir se libérer,
Ne pas retourner là-haut,
Accule au dénuement.
Et le temps, les musiques, les émerveillements
Passent comme un défilé de formes mortes,
Puisque tout meurt continûment à la source.

Il ne nous reste plus qu'à nous raccrocher
Aux réminiscences, aux pâquerettes
Qui tremblent de reflets.
Aux ombres du divin,
Lorsque des ailes nous maintiennent
Au-dessus des tourbillons du jour.

UNE MUSIQUE

Pour qui regarde,
D'un regard nouvellement né,
Et du sommet de l'intime,
L'arbre tout près le sollicite,
Se donne à lui.
Voici qu'un jour robuste,
À joies frissonnantes, exulte.

Il lui faut d'abord accepter de se taire.
Laisser le silence
L'habiter par la voie déserte.
Laisser résonner le monde comme un cloître,
Afin que les oiseaux, alentour
De l'éveil, célèbrent le matin.

C'est une tâche délicate de plénitude
Où le son, le sens, la quête
Doivent s'accorder,
Résoudre leur dissonance.
Bercer avec sérénité la douleur
Au creux des bras.
Arracher en toute lucidité les épines
Dans ce qui a été vécu.

Il n'y a pas de héraut pour le clamer,
Mais une musique ineffable
Met pourtant au clair le langage,
Élabore avec flamme une façon
De sonner hautement dans l'être.

Tout en elle se tient vigilant
Sous les tempes,
Pour la transmutation vive.
Sans lanterne qui veille.
Sans éclat d'ange.
Jusqu'à ce que le soleil atteigne
Sa plus haute concentration,
Le moment le plus accompli,
Le plus aveuglant de l'embrasement,
Et que ses rayons se muent
En sonorités.

Alors, c'est l'homme, même épuisé,
Avec un langage en déroute,
Qui doit retrouver sa puissance d'envol.
Redonner au cœur la tension
D'un grand arc,
Qui laisse la mort loin derrière.

Afin qu'en lui tout le dispose à la louange…
Même si le labeur est bien considérable
Pour qui n'entend plus le grillon
Ni le bris des vagues sur les galets.
Pour qui, avec une mémoire trop confuse,
Ne retrouve plus le cendreux
De ce qui a flambé,
Lorsqu'il rentre en lui.
Ou ne ressent qu'à peine
Les jeux des prodiges
Qui se surpassent aux frontières.

LES OMBRES

Le jour s'élargit une autre fois
Avec son lacis d'épreuves,
Son tissu bleuté déjà déchiré d'adversités.
Tant celles qui proviennent des arbres en croissance,
Des oiseaux ayant perdu leur tracé
Vers le pôle,
Que celles des enfants qui n'en peuvent
De porter leurs adultes.
Car la charge intime est bien lourde
Pour ceux qui se coudoient
En humains inachevés.

Or l'astre, bien qu'invisible,
Ouvre l'espace… Là-bas…
En dépit des nuages, des orages
En ce lieu bien actifs pour tout surprendre,
Proposer des pensées mal ouvragées.
Il s'élève de la nuit
La plus originelle,
Aiguille le lumineux jusqu'à l'œil,
Glisse sur la membrane de l'eau,
Traverse l'aile des papillons.

Il arrive aussi que les peines s'adoucissent,
Lorsqu'un cardinal flamboie soudain
En plein feuillage, en plein regard.
Comme si tout changeait de tableau,
De musique,
Que tout se relayait d'éclat en merveille.
Que tous signes conduisaient
Profond dans le mystère,
Là où le merveilleux s'incruste
Même dans une pierre pour la changer en gemme.

Il arrive que certains événements
Soient perçus comme les dires d'une gloire
Ancienne qui irradie en nous.
Il peut y avoir tant de silences qui résonnent
Sous un bonheur inexploré.

Origine, identité,
Tout s'oublie si aisément.
Les discordes, les tremblements
Nous déséquilibrent,
Font irruption dans le désir,
Comme dans la mémoire,
Dès que nous nous soumettons
À ce qui passe.

Et nous allons ainsi de chute en échec,
En nous retirant
Au fond des ombres.
Dans l'absence.
Avec une parole, une clarté,
Qui n'a pas réussi à nous atteindre,
À révéler en nous
L'infime secret éclos.

Comment alors nous redresser,
Être présents lorsque le cortège des figures
Bien-aimées, des souvenirs à fleur de plénitude,
Nous approche avec son halo ?

POÉTIQUE

À Denise Brassard.

Naïvement
J'ai dressé des stèles,
Ici et là le long de l'horizon,
Pour les poèmes en quête d'or
Et d'icônes.
Pour ces êtres venant du bleu,
Des étendues de mer resplendissantes.

J'aimerais bien pouvoir écrire,
Dans le granit, les seuls mots qui raniment
L'éblouissement, s'abandonnent
Au tour, à la souplesse de l'argile.
Et ne les mesurer
Que lorsque la forme entière
Atteint sa plénitude.
Les rassembler selon leur tonalité,
Leur poids de silence,
Pour que le chant enfin s'exalte
En approchant des étoiles,
Et me traverse
Comme un rai divulgue l'obscur.

Mais le langage se rétrécit,
Encor plus friable dans le mystère.
Avec une vision imprécise
Du long chemin ineffable
Où doit s'engager la parole
De celui qui se rapproche de Dieu,
Ou celle du funambule qui ne trouve
Sa langue, sa musique,
Que sur l'arête la plus fine de la mort.

Quelquefois, le langage
Se distancie du vertige
Des mots bleuissants,
Se retire sur les dalles des tombes.
Comme s'il n'avait de cesse
De veiller auprès de celui qu'on oublie.
De capter l'effleurement
De celui qui ne parle plus
Qu'avec le corps pourrissant…
Avec cette alchimie étrange
Que seules savent déchiffrer
Les racines nourries de sable et de glaise.

Ainsi, dans l'enténébré,
Comme dans l'étonnement,
S'élabore une langue inaudible,
Alors que l'assaut des anges se prépare,
Comme se raffinent les sons des cuivres
Qui prennent leur onde, leur timbre,
Au profond du soleil.

Au-delà du portail

Le portail est démesuré,
Que pressent déjà l'errant au loin…
Mais tant que rien n'irradie,
Comment trouver le chemin
Que le désir rêve de redessiner ?
Éviter les pièges, les dégâts
Que suscitent les forces paralysantes,
Ainsi que le langage inaudible de la planète ?

Le moindre écart nous pousse à la faille,
Nous rejette dans les crevasses
Où droitement l'on peut descendre,
Comme à travers le récit des âges
Que le glacier a durement comprimés.
L'exploration de l'inédit
Demeure l'un des hauts risques
Que doit prendre
Celui qui est de garde,
Sur la pointe d'infini
Que chaque jour lui révèle.

Et la mer, et la plaine, et les pôles
Ne sont guère plus cléments.
Ils nous livrent facilement à l'outrance,
À l'ensevelissement.
Que sauraient-ils de la splendeur
De l'humain, qui a les yeux fixés sur l'étoile ?
Du cristal que la voix module
Pour atténuer l'angoisse ?

Il en va ainsi du vivre…
De l'urgence d'espérer…

D'avancer vers l'horizon par défi d'approcher
Les contours, où l'aura
Maintient la terre vive.
D'accompagner le soleil dans ses étapes.
De rechercher même en soi
La voix du merle égaré.
Comme de penser fortement
Chaque vague qui meurt.

Ah ! la vraie musique que nous avons perdue,
Tout au fond du souffle,
Se trouve bien quelque part,
En éveil dans l'âme claire,
Dans la multitude du sable,
Dans les royaumes qui étincellent.

NID

L'ébahissement!
Lorsque l'étoile se dépose au creux de la main,
Comme dans son nid.
L'être, l'être,
Rendrait possibles de pareils prodiges?

Car la démesure de la vision
Fait fuir la folie
Plus qu'elle ne la provoque.
Sans risquer de perdre en nous
Ce qui peut nourrir l'étoile.
Tout lien avec l'infini n'est-il pas
À chaque instant menacé?
La pensée ne tournerait-elle pas en vain
Sur son axe?
De même que pâliraient les images, les souvenirs
Qui seuls nous entraînent?

Personne ne se veut vivant
Pour se cantonner dans les ornières,
Ou buter sans cesse
Contre les murets d'un chemin interminable.
Même s'il a la patience
De ceux qui n'ont jamais quitté
Les prés, les champs de blé.
Car la limite, la pesanteur nous essoufflent
Beaucoup plus que l'envol.

Comment ne pas me sentir diminué
Dès que je m'égare dans le présent,
Malmené,
Et ne pas perdre la cadence des sens ?

Je ne me reconnais vraiment
Que lorsque je traverse
La grande rosace flamboyante,
Si familière du soleil qui puissamment
Ranime ses incrustations
De saphirs, de rubis.

Peu à peu, je me familiarise avec le délire
De celui qui va plus libre en entonnant
Des chants dans son errance.
Comme s'il se chargeait à la fois de la terre,
De l'étincellement et des merveilles.
Et qu'un arroi de sonorités
L'escortait parmi les bien-aimés.

Or, trop souvent, l'élan se retourne en moi,
Se cabre, se retire de l'allégresse,
S'évanouit
En perdant sa légèreté naissante.

À Jean.

Qui n'a pas cru, dans un moment d'effroi,
Que le temps s'accélérait follement?
Que la durée intime
Se mettait à dérailler,
Tellement le cours des heures
Devenait intolérable?

Certains jours je voudrais bien
Capter d'un seul regard ne serait-ce que l'envers
De ce qui est vraiment présent,
Et même de ce qui passe, tourne en rond, se disperse.
Et surtout, saisir ce que dissimule
La précipitation des choses,
Ce qui nous pousse
À bout de vigilance.
La torpeur qui estompe le sens de la voie.
Ce qui pourrait enfin mettre à nu
La vérité d'une douleur.

Souvent le temps nous piège,
Sans que nous ayons eu le pressentiment
De dire: «À bientôt!»
À celui qui ne reviendra plus,
Même présent quelque part dans le monde.
Comme s'il était déjà pétrifié
Dans son absence,
Entré dans sa mort.

Nous trébuchons pesamment
Dans nos propres cadences.
Il suffit qu'une peine un peu plus rugueuse,
Plus tenaillante, agisse en nous,
Que la moiteur recouvre le corps,
Que le poumon soit d'abord atteint,
Comme s'il savait
Qu'une brèche peut s'ouvrir
Lors même de l'expiration prochaine.

Ainsi tout nous entraîne
Dans une course
Semblable à celle d'une flèche qu'on lance.
Mais c'est bien le disque invisible du centre,
Dans son apparence anodine,
Qui est le trou noir
Où nous risquons de disparaître.

Néanmoins, en fin de battement,
Le cœur fait mouche d'une façon parfaite.
Tout bêtement il s'immobilise…
Se brise subitement contre le silence,
Tandis que nous nous orientons,
Par instinct,
Vers l'espace qui nous illumine.
Comme si nous voyions de voyance franche
Que c'était vraiment à notre tour
De toucher au loin
La cible solaire.

Le ravissement

À cette heure de large calme
Le soleil ressemble au grand oiseau
Qui de son aile
Frôle toute douleur sans l'effrayer,
La cautérise avec douceur.
Non seulement veille-t-il
Sur l'éclosion de la beauté,
Mais il attire l'obscur,
Et ce qui désempare le cours des pensées.
Il sait percevoir la blessure de source,
Comme il reconnaît une musique
De cristal au printemps.

Malgré tout, la vie s'émousse.
Elle a tant de mal à porter
Les rêves qui la violentent.
L'inquiétude et le malheur
Qui la fossilisent en silence.
Tout cela se vit dans l'ombre des feuillages,
Entre les murs d'une chambre,
Ou sur la grève, sur le rocher
Qui se laisse polir
Par l'écume des vagues.

En dépit de tout le précaire,
Le mémorable résiste, s'accroche
Sans cesse aux images
Qui fulgurent ailleurs.
Avec patience, le voyageur parfois
S'en remet au ravissement des yeux,
Là-bas au-dessus de Vérone,
Depuis le château Pietro,
Près de la mer
Que domine le théâtre de Taormina.
Ou revient avec constance
Au pied du mont Cervin,
Dans la vallée profonde
Où sonne encor bleu la vastitude,
S'élargit la respiration
Qui s'harmonise avec les cimes.

Tant d'événements que le voyageur
Cherche à préserver en lui,
Tant de souvenirs heureux,
Parsemés de sonnailles et de lilas,
D'élancements vers la contemplation !
Sans quoi la musique profonde
En perd sa cadence,
Et les pensées s'égarent
Dans leur propre maquis.
Et les gémissements tisonnent
Le fond de la conscience.
Tout regard perd son acuité.

RASSASIEMENT

Si nous pouvions soupçonner
À quel niveau de solitude nous sommes réduits,
Lorsque nous nous agrippons ainsi aux récifs,
Que nous nous dérobons aux pics,
Aux regards qui reviennent des hauteurs.

Il n'est pas facile d'accepter
L'obligation presque mortifiante
Du rassasiement.
Trop souvent nous nous présentons
Solitaires, muets, difformes,
Comme si l'âme claquait au vent du monde.

Nous n'avons plus qu'à réclamer
De l'aide comme un tocsin, sans relâche,
Mais sans trop malmener l'espoir à vif.
Sans alerter ceux
Qui n'entrevoient guère
L'abîme, ni le désenchantement
Qui les menace.
Malgré quelques paroles de garde
Qui accompagnent l'orbe
Que chaque matin le soleil emprunte.

Appeler à toutes roses
Est peut-être une façon de convier en soi
Les prodiges qui s'éparpillent.
De parvenir à la tension nécessaire
Qui fortifie le besoin d'altitude.
Loin de l'instable, des grondements
Au-dessus des pensées,
Des agitations qui font défaillir
Le regard vivant lancé vers l'intemporel,
L'arc qui vise le lointain dans l'allégresse.

Quelle avancée dans le dénuement,
Quelle exploration souterraine,
Va enfin combler nos enfances ?

Qui va répondre de l'aura de la terre,
Par quel oracle ?
Et depuis quelle illumination
Ranimer les questions que chacun se pose
D'étoile en étoile ?

DANS LA TRANSPARENCE

Alors qu'enfin tout se calme,
Je me voue à la transparence,
Sans lutter, sans intention
(Comme une voile
Se laisse guider sur l'eau lisse).

Le plus fortement désirant en nous
Accepte volontiers d'être ouvré par le jour.
Et déjà entame son rituel de louange
Pour maîtriser les fureurs,
Les blessures,
Agissantes comme un venin secret.
Et mieux retenir à nouveau le matin
Qui naît du sacré.

Un réel volatil mais si bleu, en péril,
Se répand, recouvre
Amplement la terre,
Renforce tous désirs bien orientés.
Et le temps se fragmente,
Distille lentement sa lumière
Jusqu'au silence le plus ouvert,
Pour que tout se reforme,
Se donne en nous à l'évidence de la gloire.

Ainsi se poursuit l'action
D'une quiétude impalpable,
Qui à sa manière maintient le sommet du monde,
Contient l'érosion des souvenirs
Dévastateurs, repousse les stridences,
Dilue la densité du malheur qui nous effraie,
De même qu'une simple veilleuse bleuâtre
Annule les ténèbres
Qui tant terrifient l'enfant.

INSTANTANÉ

Mais, pourquoi aujourd'hui ?
Les heures me retiennent
Si gravement au fond du délire,
Comme si elles me broyaient
Avec acharnement sur une meule.

Ainsi molesté,
Je ne croise guère de regard
Droitement aiguillé sur le cœur.
Rien qui puisse attirer la consolation…
Tant bien que mal je me débats
Dans les buissons de pensées ronceuses
Qui abondent.

Ces instants-là n'ont guère
De revers lumineux.
Le tourbillon emporte tout.
Rien qui puisse nous disposer à revenir
Vers les ramages, les friselis,
Les tintements clairs.
Une pareille opacité intime neutralise
Surtout les lueurs naissantes.

Toutefois, un espoir survient
Avec le souffle,
Comme s'il était demeuré tapi
Dans l'âge qui nous forme, en restant bien actif :
La confiance qu'il y a, tout proches,
Des mots encor imprégnés de mer,
Des spires parfaites de coquillages,
Des psaumes d'embruns
Auprès des remous, des oublis, des blessures.

Ainsi peuvent rayonner les secrets
Que nous abritons,
Et nous ranimer d'inlassables attentes.
Seule façon pressante de raffermir
Les battements, de préserver le peu de paix
Qui commence à bleuir.
En dépit des déflagrations lointaines,
Et du retour prochain des amertumes
Qui nous dévastent.

PRÉSAGES

Dans le chahut des langages
Qui se bousculent, l'âme
Se rend perméable
À ce qui advient avec le silence des ailes.
Elle n'entend bien
Que ce qui se nourrit de sérénité.
Ce qui s'éloigne des parcours trop agités,
Des émiettements du bavardage.

Mais où débouchent les longues allées
Que la vie explore ?
Les chemins hasardeux
Qui donnent sur un goulet,
Tout contre l'horizon ?

À quelle rencontre nous prépare la terre,
En nous rapprochant ainsi de son halo ?
Au sein même de ce qui semble
Appartenir au désert,
À l'inhabitable. À ce qui met en péril
Les êtres de la pesanteur. Nous tous
Modelés dans l'argile.
Quelle force nous prépare dans le tréfonds
À la mutation imprévisible,
À l'envol, à la marche sur la mer ?

Lorsque je n'atteins pas
À la légèreté nécessaire,
Je suis bien près du déséquilibre.
Déjà les oiseaux me montrent du bec,
Comme s'ils se rassemblaient au bout
Du regard, mais pour un cortège
Qui une autre fois va m'exclure.
Ou qu'ils survolaient le fleuve
Et ses ombres déferlantes.
Et que se renforçait alentour
Tout ce que machine la mort.

À moins que des oiseaux ne virevoltent
Et ne me convient enfin au langage des flammes,
En humbles précurseurs de la colombe ?

Avec Hölderlin

Nous avons grand désir
De regarder le Jour,
Un jour vertical, joyeux,
Qui nous ramène à la source.
Mais *nul ne peut sans ailes*
Arriver tout droit à ce qui est
Tout proche et le saisir
Et venir sur l'autre versant.
Orienté vers l'origine, attiré
Par la fraîcheur des ombrages,
Au sein de forêts mythiques.

Le poète voulait là-haut
Fonder ce qui demeure,
En beauté. Là où il pourrait
Parler seul avec Dieu,
Et ne recevoir d'autre écho.

Mais prendre à bras de passion chaque heure
Exige de choisir le chemin unique
(Surtout pour qui se concentre sur le cours
Des fleuves).
Comme de se risquer
Dans un dédale,
Sur le flanc des montagnes,
Dans l'aride, pour trouver un signe
Qui pose le soleil et la lune dans l'âme,
Un langage qui atténue le mystère
Des sonorités, des rayons.
Non sans danger de perdre le sens de la voie
Qui conduit à l'immémorial.

Toute poésie doit partir du langage
Et se maintenir
Sur le surplomb au-dessus des vocables.
Et travailler à toute transfiguration dans le silence.
Et rêver la flèche qui va toucher la cible,
Avec la splendeur, le stupéfiant
Du rayon qui franchit l'horizontal,
Traverse l'épais feuillage,
Pénètre dans le regard du tout-petit.

C'est bien vers un jour en croissance
Qu'il faut revenir.
Et préparer toute rencontre,
Tout serrement d'esprit.
Élire la direction de l'inaugural,
Comme le fait l'oiseau.

Mais qui se réfère aujourd'hui
À la parole première qui a pensé le temps ?
Au geste du Verbe ?
Alors que le vide n'avait
Fait place à la nuit.
Et que rien n'avait engendré le soleil
Et son premier matin,
Et la mer, et le fleuve des hauteurs,
Et tout ce qui rend la terre féconde ?

DERNIER PARCOURS

Aujourd'hui, une autre fois,
La parole brise sa coquille,
En prenant garde de ne pas
Trop fêler le langage.
Je suis à nouveau sur le seuil
D'une quête extrême,
D'une simple joie courante en moi
Comme un ruisseau.
Chaque matin,
Il me faut accueillir l'éveil,
Commencer d'habiter ce qui s'illumine,
Malgré la dévastation possible de l'angoisse.

Le jour est cru, ouvert,
Dans l'attente du prodigieux
Qui naît de la poussière solaire.
Tout enlumine les arbres
Qui à la brise s'abandonnent
Comme des nourrissons bien sevrés.
La rivière est d'un lisse que perturbe
Le seul poisson en mal d'air.

Mais le cœur humain trop sensible aux rumeurs
Déjà vacille, détecte alentour les désarrois,
Les ondes de ce qui peut l'oppresser,
Dès que les paupières se ferment,
Et que se durcissent les amours vert-de-gris.
Il y a une telle saturation de souffrance
Possible surtout dans les silences qui se recomposent...
Ainsi nous allons comme des reclus
Parmi les décombres, vers la mer,
Vers le désert.

Quelque part, tout près,
La mort a désigné celui qui ne reverra
Ni le levant ni les oiseaux.
La nuit se renversera pesamment
Dans un corps en chassant l'air,
En le fermant comme un sas,
Pour qu'il change d'état
Et enfin libère sa lumière.

Avec le dernier parcours,
Sans la moindre griffure de parole,
Ailes et musiques se soulèvent.
Tout s'empare de nous, guide
Vers l'inouï celui qui est aveugle.

APPRENTISSAGE

Tout
Ce que le regard convie,
Par-delà l'horizon,
Est habitable.
En bleuité adorable, disait Hölderlin.

Les nuages épars,
Soupesés par les seuls êtres légers.
Les lueurs, le massif des tendresses qui protègent
La terre dans sa courbe,
Aussi bien que les bruissements – s'amplifiant
Depuis le fond de l'univers – qui passent
Bien près des étoiles :
Tout s'enrichit de résonances inaudibles.

C'est en se tenant haut,
En marge de l'histoire et de l'éphémère,
Dans le clair matin,
Que l'humain s'affranchit peu à peu
De sa pesanteur.
Et qu'il se tient loin des imprécations en rafales
Qui le terrassent,
Des opacités qui l'enserrent.
Comme si, au terme de l'altitude,
Auprès du parcours solaire,
L'homme apprenait à tout éclaircir,
À protéger sa réserve d'espérance
– Même en traversant l'étape du vide –,
À rendre translucide chaque douleur.

Du silence, du rêve, de la clairvoyance…
Et l'habitude de planer solitaire,
En silence, dans l'ouvert :
Voilà ce qu'attend l'être
De l'apprentissage,
Celui qui s'efforce sans cesse,
Non pas impunément,
De faire une percée
Vers l'invisible.

Et s'ajoute la bonne fortune d'entrevoir
Des portails, d'imaginer des galeries
Dans la profondeur
Où s'abolit la distance.
Malgré l'absence d'assise, de jalons,
De réalité palpable.
Malgré le doute dévorant
Qui nous perturbe,
Nous isole pour un semblant d'ordalie.

Toute cette légèreté comme cette ascèse
Quotidienne, à force de maîtriser les heures
Et de ne rien brandir contre l'infini,
Rendent possible le ravissement.
En dépit des dérapages du délire,
Des spasmes de l'effroi.

CONNIVENCE

La voie choisie monte en spirale,
Mais c'est le soleil qui vraiment se rapproche.

Tant de trajets à parcourir pour demeurer
Parfaitement immobile,
En émoi face aux merveilles,
Ou dans les affres qui nous blanchoient.
Pour agir dans un lieu où les pas
N'ont plus de mesure,
Ni n'engagent le périple de l'évidence.

Là-bas, les hauts instants du regard
Sont semblables aux rythmes les plus secrets.
Tout convie les jours, les mémoires,
Détecte l'humain aussi bien que l'épouvante.
C'est un état de vigilance intense
Plus qu'une exploration.
Même s'il faut repartir au moindre signal,
Suivre à nouveau les pistes d'oiseaux,
Retenir l'infini avec les yeux,
Pour qu'une pensée se forme
Dans un cocon, devienne papillon,
S'accorde avec la vie.

On ne saurait donc se dérober
À ce qui exige d'être habité.
Le projet est pressant
Pour qui s'élance en verticalité,
Reconnaît son espace véritable.

Il se crée ainsi un cycle
Selon la pression de l'ouverture,
Selon les abîmes à contourner,
Multiples sur le chemin.
Sans la moindre perspective d'impossible.
En pur état de réjouissance
Que la flamme vient d'atteindre.

Ce n'est guère une occupation de saison,
Mais un temps d'audience,
Où les arbres si proches, si calmes
Dans la brise,
Nous soutiennent
Par leur seul élan,
Par le foisonnement des feuilles,
Tendres comme des voyelles.

CHAQUE REGARD

Quand la splendeur nous baigne,
Comme aujourd'hui,
Quelle lumière faut-il viser pour atteindre
Ce qu'elle nous propose? Comment préserver
L'or en elle qui se déverse?
Et s'essorer, même fugacement accordé
À tant de magnificence. Rester disponible
Pour un pareil déploiement
De bleu dans le vivant. Dans l'aire des ailes.

Ne faut-il déjà entonner
De purs arpèges opalins?
S'abandonner au chant,
Même au risque de faire naufrage?
Malgré tant de douleurs, de misères
Qui convergent vers nous,
Comme autant de signes
Prémonitoires du malheur.

Il n'est pas toujours facile d'éviter l'ivresse
En s'affaissant dans les ombres,
Alors que la clarté creuse avec patience
Le végétal, la surface du fleuve.
Tout, plus près, scintille dangereusement.
Tout risque de roussir la source de ce qui respire.

Seul l'éteint, le desséché,
Peut résister,
Lorsque le cœur survit par indifférence,
Et qu'au lieu de nous exalter nous nous retirons
Des franges de couleur,
De l'embrasement proche de la nuit.

La beauté n'advient-elle que par éclats?
Comme une poignée de plumes de cardinal
Est éparpillée dès le premier coup de vent?
Serions-nous natalement inattentifs,
Même auprès d'un pareil paysage
Qui au loin largement s'effondre?
Alors que tout commence déjà à paniquer
Dès le premier signal du sublime?

Or c'est bien avec le destin du jour,
À travers les heures,
Que nous nous remodelons.
Que nous apprenons à voir, à croître,
À partir avec chaque regard
Qui ne reviendra plus.

IL Y A DES SIÈCLES

Il semble qu'une ressemblance
Insaisissable
Ne fasse que s'accroître
Entre ceux qui sont tournés vers l'ouverture
Et ceux qui se transmettent
Leurs pensées désirantes.

Qui suis-je ? Qui sommes-nous ?
Alors que le soleil se lève,
Se couche.
Comment, au plein du jour,
L'astre met-il à nu celui que nous croyons être,
Et notre vision, et notre quête ?
Tout ne serait-il que faux travail
Face au miroir ?
Ne serions-nous que de pauvres égarés
Besognant à nous purifier le fond de l'être ?

À tous moments j'ai besoin de vrai regard,
Comme de me rendre léger
Pour le voyage. Et d'apprendre
À ne pas buter contre les parois
De l'âme, de la solitude,
D'autant consumante
Qu'elle demeure immensurable.
Et d'apprendre à ne pas me dérober
Au souffle qui me brûle,
Sans faire halte.

Je songe maintenant à la fin des oiseaux
Qui se dessèchent sur le sol.
Aux menaces qui pointent vers le cœur…
Sans quitter le mystère bleuté…
Sinon je perdrais vite mon élan.
Je sentirais de trop près la machination
De ce qui veut m'ensevelir.

J'en tremble, quelquefois, à l'entrée du portail
Au loin qui s'ouvre.
Je me fortifie pour mieux me garder
En lien avec l'espace.
Et mieux rassembler à chaque levant
Ce qui m'éblouit,
À chaque soir les clignotements des étoiles
Qui se transforment en musiques.

Nous avons commencé, toi et moi,
D'écrire une fable, il y a tant de siècles.
Avec de simples mots se risquant
Sur le pourtour de l'abîme,
Et qui parfois vacillaient, s'embrasaient,
Parfois implacables nous renversaient.

Encor maintenant,
En toutes circonstances, nous pouvons
Perdre de vue la seule cible
Qu'ont visée les vieux archers,
Et nous éloigner des cimes
Qu'ont escaladées les audacieux.
Il est difficile de s'accorder avec les desseins
De ceux qui ont traversé intensément les années,
Sans s'éloigner des bornes,
Sans entrer dans une errance vigilante.

En rond

Un simple débordement de soleil
Qui se saisit des feuillages,
Tandis qu'un oiseau traverse les arbres,
Et que désirant je parcours les heures,
Sans fièvre, sans être déboussolé,
Avec une légèreté qui frôle
Les lueurs et les lisières.
Avec un instinct sûr de l'espace.
Avec un élan qui perce les ombrages
Entre chaque feuille,
Même si le végétal se resserre.

Mais je vais aussi trop souvent,
Avec irritation,
Parmi les leurres, les bruits,
En alourdissant mon propre silence.
Sans murmures pour l'être proche.
Je me lance vers l'infini, comme pour me fuir,
Tel un vent d'orage
Qui ne trouve une piste précise.
Avec des allures de papillon
Malmené, en dérive,
Qui se perd dans maints détours
En remuant le monde.

Ah ! qu'il fait noir au large quand la peine
Des profondeurs durcit les yeux !
Comme si j'avais rompu
L'alliance unique avec ce qui me soutient.
Que j'avais quitté, dans une hâte furieuse,
Le cortège des ailes et des sons
Qui tracent leur périple.
Et que je tournais hébété
Dans un lieu clos,
Dans une lande sans fin
Qui vire aux broussailles.

Suis-je maintenant dans le vrai temps
Qui m'épure ?
Ou toujours au fond d'un malheur ancien,
Dans les intervalles de bêtise, qui ont défiguré
Hier le bel amour printanier ?

Il suffirait peut-être
D'un seul mouvement de feu
À travers la pensée, d'un éveil total,
Pour que tout se calme, cesse de piétiner,
Et que je retrouve sereinement le vrai levant.

PASSEUR

De nouveau, l'image de la barque
Qui dérive,
Va dans le brouillard,
Dans un paysage où l'immobile discret,
Néanmoins, fait des signes.
Malgré l'amplitude du solaire,
Ce matin, qui a bien descellé le monde.

Décidément je ne cesse
De me heurter à l'aride.
À son fond de pierre où sédimentent
Les peines, s'accumulent
Les couches d'inguérissable.

Il me semble que je dois encor
Passer par la rocaille.
Et que l'amour se déconsidère,
Ne reconnaît plus
Le véritable tocsin du cœur,
La proximité du jour qui lui donnait tant d'éclat,
De même qu'il libérait le rayonnement
Envahissant des accueils.

Il n'y a plus que du bruyant,
Du langage striant le silence,
Venu de souvenirs agités,
Du lointain de l'obscur,
Mais toujours allumés comme des feux
De garde sur les falaises.

Peu à peu, nous perdons le sens
Du bleu, nous nous éloignons
De l'unique clair d'opale.
Nous ne savons plus retenir l'oiseau
Par la pensée, qui nous entraînait.
Comme si nous gravissions,
Avec une folie sourde,
Avec une ombre d'exaltation,
Le flanc d'un pic dans la tempête.

En dépit des turbulences
Et des épuisements,
Je pressens avec netteté
L'étendue bruissante du rivage
Qui attire le vivant :
Tout y est franc et sans mirage.

Là-bas s'ouvre le lieu où se rassemblent
Ceux qui s'abandonnent
Aux rumeurs de la mer.
Qui s'adaptent mal aux marais,
À la bourbe, aux forêts inextricables,
À la terre nouée, sans horizon.
Et surtout, aux musiques râpeuses
Qui vont au ras de l'esprit,
En rudoyant, mutilant l'intemporel.

L'espace a bien retrouvé son passeur.

Voie étroite

Je pourrais bien faire naufrage
Dans la quête même,
Quand les ailes ne me portent que sur l'irréel
Des ombres et des nuages fugaces.

Il me semble, certains jours, que je ressemble
Au vieil ange de bronze
Qui croit avoir pris son essor…
Car l'allégement est une besogne
Le plus souvent inconcevable
Pour qui n'a connu que l'épuisement
Quotidien dans l'ornière.

Longuement, je dois apaiser
Mes effrois en silence,
Bien me polir l'intime qui seul a l'énergie
Pour le vrai départ, seul,
Des affinités avec la flamme
Transformante de la colombe.

Tout cela n'a rien d'une randonnée
Dans la tiédeur de l'air.
Tout doit échapper aux ruses
De ceux qui enseignent le bel équilibre.
Car l'à venir propose plutôt l'abîme,
Une rude odyssée pour qui veut viser
Le zénith avec précision.

Il s'ensuit malgré tout un flamboiement
Ayant son propre espace de prodiges.
Depuis le matin levant jusqu'aux élans
D'amours montantes,
D'une seule volée
Comme de grands oiseaux.

Mais je ne peux m'embraser
Que si je me tiens
À l'abri des promesses
Clinquantes de liberté.
Des séductions trop bien ciselées…
Le monde, le monde d'ici
Que je tente de rêver, d'explorer,
Est parsemé d'artifices,
De fantômes qui se proposent
Comme des papillons splendides, des lueurs
Attirantes de la fausse voie étroite.

MOTS FOSSILES

Pitié pour qui doit de nouveau
Affronter la dérision,
Sur les hauts plateaux nus...
Auprès du levant.

On pose à tel être
Tant de questions à secousses.
Le somme de justifier son attitude
De garde auprès de l'horizon.
Comme s'il devait se remettre à tout prix
De la splendeur des aurores.
De la croyance
Aux cordes de la lyre,
Au cristallin des regards.

On insinue que le langage,
Qui fraye avec le mystère,
N'est qu'une ridée plus subtile
Pour piéger les vulnérables,
Les émules des alouettes.
Et qu'il n'y aurait de voie plus évidente,
Plus conviviale, que l'oblique
Élargie, lissée, même pour les errants.

Trop de mots, d'icônes secrètes
Surtout, le gardent vivant,
Que l'air du temps proclame fossilisés,
Et qui persistent à dérouter le sens,
À déséquilibrer les nombres,
Comme à se tenir vifs à fleur d'intemporel,
En plein présent.

Ne devrait-il pas savoir
Que le lien indélébile avec l'origine
Est rompu?
Qu'un carré de terre jamais ne parle...
Que les ensevelis n'ont pas d'ailes,
Qu'ils n'entendent guère
Le bruissement de l'air,
Ni le vol des papillons.

On lui pose ainsi
Tant de questions troublantes,
Soupçonneuses,
Comme pour le détacher
Des traces anciennes,
Des paroles qui encor le ravissent,
Raniment les morts.
Pour l'affranchir à jamais
De ces mots clairs, subtils,
Qui agissent sur lui,
Le transportent
À travers la transparence du matin.

LE DOUBLE VOYAGE

À Andrée et Daniel.

À longueur de regard,
Et comme absent,
Je déploie en moi un paysage, ici, là-bas.
Telle une trame du lieu véritable
Que j'habite. Comme par mégarde.
Cela prend son espace avec l'audace illuminante
De l'esprit,
Malgré des trébuchements quotidiens.

Quel paysage n'a besoin de tout le désir
Pour être révélé ? Ni d'être jalonné
Comme un vrai territoire ?
Toujours indissociable de la façon
Qu'a l'âme de respirer.

Et tandis que je me heurte,
Immobile, à l'amoncellement
Du nébuleux, aux dérapages imaginaires,
Deux êtres aimés
Vont légers dans la profondeur de l'ailleurs.
Pris, aujourd'hui, dans un coup d'aile
Par le voyage,
Ainsi que le soleil a pris son orbe quotidien.

Ils ont trouvé leur axe d'unisson
Pour le rêve. Le diapason du cristal.
Ils écoutent leur propre musique,
Tout fébriles, agrandis d'images
Annoncées de l'Asie.

Et je reviens dans mon propre espace,
Dans le poème en cours,
De même que les voyageurs vont maintenant,
Un vingt-quatre juillet,
Par-delà la mer, au-dessus des glaces.
Mêlés aux heures.
Volant vers des montagnes au bout du monde.

Ensemble, nous sommes dorénavant
Tout près d'un but innommable. En altitude.
Dans un mouvement constant.
En allés vers des aiguilles vertigineuses,
Que les hauteurs blanchoient,
Encor jamais atteintes.
Devant une figure de l'illimité,
Proche des pics
Fortement sculptés par les âges,
Dans une éperdue rêverie de Nankin.

RISQUES

Je porte jusqu'au bleu, à sa largesse,
Mes pensées ardentes.
Mes espoirs de raviver la braise,
Aussi bien que le sens qui n'a pas été ouvert.
Car tout ce qui s'élève
S'expose aux rayons
Qui le pénètrent
Pour l'affiner, le rendre
Translucide, mieux apte à l'infini.

Ainsi la parole vertigineuse,
Lorsqu'elle monte,
Ne peut se risquer sans détour
Dans le lieu de la vraie lumière
– Celle-là qui regarde fixement
Le monde, la mort, les anges.
Là-bas, dans sa patrie,
Où les ailes, les sons alternent
Pour l'alléger, pour l'illuminer.

La parole évite les consolations, les sentes
Trop facilement trouvées,
Trop bien tracées,
Qui ne conduisent que vers
Les précipices, les failles, les marais,
D'où rien ne peut s'envoler.

Seule la flamme qui l'accompagne
Sait bien éveiller les signes
Bornant les pistes
Depuis le mémorable.
Et purifier les tensions des mots
Contaminés par le délire,
Juste avant que le langage ne chavire,
S'en retourne en bruissant dans l'ailleurs,
Puis se taise,
Comme décroché de la quête.

Toutes ténèbres alentour ne nous recouvrent
Que pour le repos.
Et surtout pour mieux garder secrète
La supplication qui nous porte.
Celle qui appelle toutes métamorphoses
Indispensables à l'allégement.

La vision réelle passe par le silence,
Et, encor pour quelque temps,
Nous devons affronter
Tous les dangers inévitables,
Même celui de chanceler,
D'entrer en folie par manque d'air,
Ou d'être calcinés.

Nos paroles si friables ont grand besoin
De se mesurer à la ligne de faîte,
À l'éblouissement des hauts paysages,
Aux tableaux de l'intemporel.
Et surtout de se fortifier
Dans la vasque des étoiles
En attendant que s'ouvrent
Les tombeaux.

CELUI QUI PASSE

Quand de lassitude le regard
Se replie sur soi,
Comment ne pas s'immobiliser auprès
De la source qui risque à tout moment de tarir ?
Ne pas se tourner vers le jardin
Qui a grand besoin d'être épierré ?
Tout attrait de l'illimité
S'évanouit si facilement.
L'impatience produit tant de turbulences.
Et la moindre invocation hâtive
Peut nous déboussoler.

Tout se disperse
Jusque dans les ombres
Du mortel.
L'amour redoute le moindre mot
Un peu rude, et les cycles du froid dévastateur.
Avec lui, s'il se dérègle, tout s'évertue
À éteindre les feux
Au creux des hauteurs.

Mais la parole peu à peu se rapproche
Très près de l'inespéré.
Que vienne enfin
Celui qui jamais ne trouve d'autre refuge !
Comme jamais le jour ne quitte
L'azur même invisible,
Maintient son projet
À travers le brouillard.
Raffermit l'aura de la promesse
Avant la venue de la nuit.

Dans une pareille attente déroutante,
L'enfoui largue ses cauchemars.
Car le sommeil ne saurait se mettre à l'abri
Des agitations et du vacarme des images.
Ni des mots qui succombent à l'affliction.

Mais, par grâce, agissent
De soudaines illuminations,
Que le face à face avec l'ailleurs
Transmet jusque dans l'obscur.
Pour mieux retracer les instants perdus.
Aviver le temps clair
Qui permettra de reconnaître
La vraie sonorité du jour.

La montée même diagonale,
Brûlée par l'effort, et comme pensée à l'écart,
Reste ainsi marquée par le miraculeux,
Par ce qui préserve l'éveil.
Par le vif qui hante les morts…
Ainsi, une voix nous parvient-elle,
Qui se fait de plus en plus tendre
Et placide, et soutient
Celui qui a lancé son appel.

POUSSÉE DE LANGAGE

Un jour prochain la lumière
Va me desceller.
Et j'écouterai enfin
Le dernier son du bleu,
Seul vrai diapason de l'accord vertical
Que nous appelons la mort…
(Alors que sont rectifiées les flèches
Qui cherchent toujours leur cible.)
Il me semble que les heures,
En apparence, m'érodent à peine.
Ou m'entament
Dans ma profondeur la plus invisible.

Quand ce ne sont les menaces
Contre les miens
Qui se révèlent des plus agissantes…
Il suffirait que je sois capté
Dans un faisceau puissant,
Mis à découvert,
Ou que je m'aventure résolument
Dans tant de galeries
Que l'angoisse a creusées,
Au fil des pas,
À poussées de nuit.

Malgré tout, j'entre en joie
Au simple détour inattendu
D'un massif de verdure,
Auprès du frémissement de la rivière.
Avec là-bas, sur l'autre rive,
La longue arabesque chantante
Des têtes multiples des arbres. Et, plus à l'est,
Avec le front de garde des peupliers,
Tout contre les clochers
D'une vieille église
Qui m'est si familière
Que vers elle, à grands pas,
J'ose m'aventurer sur l'eau.

Ainsi la rivière m'accompagne,
Accomplissant, chaque matin,
Une part de vie avec moi.
J'en viens à faire partie de la rive,
À ne jamais la déshabiter.

En la rivière m'appartient tout ce qui brasille,
Comme une pensée d'âme
À fleur d'étendue,
Vrai domaine privilégié de la réjouissance.
Et de la sorte, je vois à ce que rien qui veille
Ne se résorbe trop vite, n'assèche la vision.
En attendant du moins la tâche absolue,
Le dernier élan,
La rencontre avec le feu qui donne
Sa densité.

Et peut-être bien, en gardant présente
La pression du langage
Venu d'on ne sait quel horizon,
Ni avec quelle profondeur d'ardence.
Langage qui se colle,
Pour tout revivifier,
À l'énergie des brins
Qui n'ont pas
Atteint la ligne de l'air...
À ce qui polit toutes saillies
Rugueuses du cœur,
Soutient les moindres attirances.
Telles des images qui tendent
À leur forme de blanc nénuphar,
À leur plénitude odorante de rose
Au bout d'une tige.

PARAGES DU DÉSERT

Je reprends des cheminements
Qui semblent obsessifs.
Je vais à nouveau vers la contrée
Possible des origines.
Sinon, pourquoi aurais-je de pareilles
Aspirations, de si vives intuitions
De l'espace habitable,
De l'inaccessible ?

Le haut porche de signes
Demeure accueillant.
Toutes les voies y conduisent.
Même les oiseaux me fraient
Une piste, le plus souvent
Évanescente.
Tout ne peut s'affiner
Qu'en maintenant le regard bien ouvert,
En atteignant un certain degré de nudité
Intime où les images se purifient.

Je reste ainsi sensible au travail
De l'illumination
En moi, alentour.
Et sans jamais craindre son débordement,
L'assaut du déclin.
Par nature, par façon de respirer.

Sinon, depuis longtemps,
Je serais déjà au fond d'un puits.
Ou gravement noirci par la flamme
Si blanche de l'absence.
Et même égaré dans l'étendue de l'air,
Comme un migrateur attiré par le nord
Perd contact avec le pôle,
Les constellations,
Se coupe de la force d'attirance.

Il m'est difficile d'affronter l'ampleur
Du bleu, ses longs déserts imprévisibles,
Comme d'envisager l'oppression,
Parfois étouffante,
De l'absence d'amour,
De ce qui roussit le souffle…
Tout choc inattendu ne peut que ruiner
Les acquiescements,
Les échanges naturels.

TÂCHE

J'apprends, peu à peu, à sillonner le fond
De midi, son apparence d'incréé.
Tâche fugace du seul langage
Qui s'est déjà mesuré à l'espace.

Et je soupèse les mots
En ne percevant d'abord
Que leurs ombres grises
Qui consolident le brouillard.
Comme si j'avais perdu la *joie des yeux*.
Que j'allais vers ce qui est clos,
Même dans les paysages.

Non sans rester attentif aux agitations
Qui proviennent
De l'au-delà du fleuve.
Depuis l'eau noire
Que traversait presque immobile
La barque de Charon.
Sombre passeur pressé par l'angoisse
D'Orphée,
Lui-même déjà brûlé par les images
Lointaines d'Eurydice.

Midi, midi sans mesure,
Passage si imprévisible
À pareille profondeur précaire.
Toutefois, l'épaisseur d'or au loin,
En restant bien lisse,
Parvient à déteindre sur l'âme,
La rapproche de l'éblouissement.

Midi, midi si étincelant,
Où les oiseaux mêmes, sous la voûte,
Risquent d'entrer en délire.

Mais qui pourrait s'abandonner
À pareille apothéose sans se fortifier ?
Sans consentir à ce qui ouvre la vallée
Avec des accords par-devant les cimes ?
Ainsi que se déploie l'intemporel
Et que surgissent d'anciens souvenirs
Du seul lieu où la mort ne besogne,
N'a été imaginée ?

INAPPROCHABLE

De si pauvres besoins mêlés
Aux chimères…
Le temps de traverser
Certains âges,
Certaine saison craquelée par le froid.
Mais la soif n'en finit guère
De nous brûler.
Et l'eau des puits
De refluer vers le désert.

Par quels chemins allons-nous,
Si nous ne nous aventurons plus sur le fil ?
Si la vie ne s'en remet
À la piste marquée
Par les hautes aiguilles ?
Si jamais nous n'affrontons l'errance,
Le péril de franchir l'abîme ?

Les mots sommeillent.
Dépouillés du seul midi
Que vise la flèche.
Même les élans puissants,
Les trouvailles
Façonnées par l'immense,
Brunies par les jours,
Ne se réfugient plus que dans l'irréel,
Dans un lavis, à fond de fosse.
Et sans leurs ombres naguère si parlantes.
Hors de la netteté, presque enfantine,
Qui ne se trace
Qu'en plein soleil,
Qui rend tout familier,
Questionne le périssable
Comme le mystère.

On ne manque guère d'argile
Pour bien remodeler quelque forme,
Mais plutôt d'air et de large.
Mais de tressaillements
Face au levant, quand les rayons,
À peine vivifiés,
Se mesurent déjà au silence de la terre.
Mais d'*intelligence d'amour*
Pour mettre à découvert
Le défilé des masques,
Des imageries, des manigances.

Ce ne sont guère les morts
Qui arrachent leurs ailes,
Mais plutôt les faux voyants
Creusant, comme des taupes,
Leurs sentiers d'évasion.
Ceux qui encombrent la pensée
Et les songes.
Qui ont délaissé les repères
Des hauts brasiers sur les plateaux,
Refusent d'escalader les falaises
Piquetées d'oiseaux de mer.
Méprisent le sacrifice.

Or pressentir l'inapprochable,
Voilà l'occupation patiente
Que l'être se donnait jadis.
Mais tout est devenu
Si prochain, si semblable,
Depuis que l'on s'en tient
À des poses, hors du plein vent,
Rêvant aux seules limites
Qui ferment l'espace.

Pour les miens

Après tant d'élans en torsade,
J'ai grand besoin de bienveillance,
D'apaisement, de rosée fraîche.
Nous sommes si gravement
Lacérés par des pointes de pensées
Qui s'adonnent à la furie,
Avec des mots maladroits
Dérivant loin de la source.

J'entre, ces temps-ci,
Quelquefois en désarroi.
Tout en me persuadant
Que je marche
Dans la proximité du soleil.
Que je ramasse toujours des ramilles
À brassées pleines.
Que les oiseaux me convoquent,
Dès l'aube, pour que je les accompagne
Auprès de ce qui advient en gloire.

Mais vivre ! Vivre,
Comme s'il ne suffisait plus
Seulement de respirer !
Et de s'éveiller sans oppression,
Sans amertume !
Avec en soi l'aura bleutée que la terre
A préservée dès sa venue.
Comme une armure de spirituel
Qui protège l'harmonie
Des saisons, la qualité des regards.

Mais plutôt de veiller fidèle
À la périphérie de la nuit,
D'affiner ses gestes d'accueil
Pour celui qui doit revenir.
De respirer largement,
Avec les plus fragiles
Qui tendent haut le désir,
Avec ces feuilles à soleil,
Si légères dans la brise,
Ô apothéose !
Qui s'avancent dans l'espace,
Devant,
Avec leurs sourires d'émerveillées.

Ainsi immobile, et comme absent,
Je peux rallier les heures
Pour une tâche franche :
Recueillir les joies,
Autant que les pleurs de ceux qui m'entourent,
Fût-ce pour la rosée du lendemain.
Pour la fécondité des musiques.
Et espérer enfin que tous se lèvent
Avec des visages
Que les songes ont longuement lissés,
Tels des prés tendres
Où passe, repasse la brise
Que la mer exhale.

ODE

L'espace rouvert
Vire avec le soleil qui s'éloigne.
Avec les arbres qui tournoient.
Avec les esprits qui chavirent.
Il faut peu de folie dans nos chants,
Peu pour qu'ils s'éprennent
Des grillons du soir,
Des nénuphars assoupis.
Pour que se taisent les oiseaux
À leur approche.

Peu de mots, de sons, gravement bleutés,
Pour qu'un largo de Beethoven me brûle,
Me questionne dans ses *Variations Diabelli.*
Ou que me dévore un lento de Clementi.

La poésie s'avance ici sous les yeux,
Chaque matin, en célébrant
La piste inabordable du soleil.
Comme, avec l'astre, audacieusement,
Elle prend la planète,
Met à découvert les fonds de forêt,
Convie les cormorans
Épuisés sur la pierre,
Renvoie les remous de rivière
Aux contemplatifs,
Et les reflets qui respirent.

Pour une fête pareille, le verbe
Doit affiner sa résonance
Au profond de l'Orient.
Rassembler les langages, ici et là,
Qui exultent.
Seule une vision pénétrant l'opale
Avive le sens, parvient à franchir les limites
Des couleurs en grisaille,
Des étendues déclives au bord de l'abîme.

Il suffit peut-être,
Pour un véritable accomplissement,
De bien travailler au rapprochement
Des présences qui nous échappent,
De s'aventurer
Dans les grottes fuyantes des nuages,
D'être à l'écoute des semences
Dans les sillons,
De sonder les creux d'arbre
Que délaissent les piverts.

Voilà ce qu'on peut apprendre
En observant la mer
Qui tant de musiques rassemble.
Voilà une manière d'amplifier
De nouvelles magies,
De les rendre presque palpables.
Puis de tout confier au vent pour qu'il les diffuse,
Rejoigne au loin ceux qui sont égarés,
Encor éteints de surdité.

Ainsi une dimension du monde,
D'abord muette,
Comme une surface mate et grège,
Se met soudainement à vibrer,
À ébruiter des étincelles insolites
Avant que la nuit
Et le silence ne les recouvrent.

MÉTAMORPHOSE

Comment ne pas craindre
Que le sang se répande,
Ainsi qu'une pensée d'eau sur le sable ?
Et que je disparaisse lentement,
Absorbé par le monde,
À bout de battements,
Au début d'une petite apocalypse
À ma mesure.

Mais j'en suis au corps
Très près, encombrant
Pour le voyage auquel m'appellent
Les musiques,
Avec leur sonorité opaline,
Avec les trêves soudaines de Schumann
Que le seul silence intime sait entendre.

L'illuminé ici et là se fait rarissime.
La passion dérive pesamment
Sous la tristesse,
Se perd dans les broussailles.
Comme si une misère soudaine
M'accablait au détour,
Me tenait sous la surface,
Me reléguait au fond
De la nuit où tout chavire.

Ce n'est guère l'occasion de m'unir
À l'immense,
Ni d'entreprendre une approche courtoise
De la beauté. Ni de m'en remettre
Au lieu d'origine, en quelque région
Du soleil qui bientôt,
À l'horizon, va raviver
Le mémorable.

Peu à peu, la douleur du désespoir
Perd de son acuité.
L'état de transport s'entrouvre.
Et un bonheur à peine pressenti
Me ramène au calme,
Pour le trajet authentique
Hors des chemins de traverse
Qui coupent les jours. Facilitent les fugues.
Hors des morbidités
Qui attirent mes mots
Vers les marais, les rocailles.

Puis tout se met à murmurer,
Merveilleusement, aux contours,
Avec une résonance de grand large.
Ainsi que glisse un cygne.
Et qu'une complainte de rivière
Se tourne vers les cyprès,
Se transmue et brasille.

Un rai soudain du mystère
Me touche alors que je suis en veille.
La parole reprend son parcours.
L'étoile me traverse,
Qui revient de l'intemporel.

CONFIDENCE

À Paul Chanel Malenfant.

Jamais je ne suis revenu de la mer…

Comme si depuis toujours elle avait été
Le réservoir incorruptible de l'immense.
Bien maintenue au fond de l'être
Pour submerger tout le mal,
La matière informe,
Ce qui s'accumule
Avec les sédiments des jours,
Et pour que s'agrandisse enfin
Le domaine orphique
Qui s'empare de l'horizon,
En fait sa demeure.

Avec la mer, je prends pour ailes
Les élans solaires.
J'ose franchir la rose des vents,
Comme exercice d'altitude,
Pour le seul émoi du vrai départ.

Moment d'éclat, de candeur,
Même à l'ombre de ma pierre,
À l'ombre de mes mots,
Où tout va s'ouvrir dans une secousse
De vérité. Dans un accord
Avec la seule musique qui sait ranimer
Les mondes, faire résonner l'azur.

Certes, je parle comme si j'avais brisé
Le sceau secret des âges.
Que le mystère avait soudain une limpidité
De nourrisson qui esquisse son sourire.
Qu'il n'y avait plus que des faîtes
À désirs, des éblouissements qui s'épaulent,
Là-haut, pour l'avancée de l'amour.

Comme si le corps avait assimilé
Sans répit l'inaltérable,
Et qu'il avait fini par guérir
De l'inachèvement,
De son contour en bronze vert-de-gris,
De sa vie chargée d'obscurités,
De ses défaillances,
De la parole impérative de la mort.

Néanmoins, avec la mer en soi,
Immensité gardienne
Du souffle puissant,
Avec le langage ouvré
De merveille en merveille par le soleil,
Le terrestre se propose le plus souvent
Comme épreuve,
L'espace de la patience muette
Engagée si résolument
Sur l'échelle des anges.

J'apprends, de la sorte,
À ne pas craindre de façon insensée
Les raccourcis d'un corps qui se défait,
Non sans étreintes de l'âme.
Je me rassemble pour mieux me recomposer
Selon l'ordre du cristal, la tonalité
De la pure transparence.

BRUITS D'APOCALYPSE

Le beffroi du jour sonne haut
De tout le bleu qui le traverse.
Mais qui entend l'accord ?
Sans être trop décentré
Par l'appel des sirènes.
Sans se laisser enfouir
Dans sa propre absence.
En restant assez vigilant,
Dénudé pour l'écouter
En soi,
Comme on s'émeut du sourire de l'aimée ?

Ah ! nous perdons si aisément
Le sens de l'aube,
Le frémissement de l'eau qui étincelle,
Surtout lorsque le monde
Abondamment crépite,
Avec des bruits de vie, de mort, qui exténuent,
Dévastent tout ce qui tente
De moduler par-delà l'horizon.

Même l'œil attentif
Ne parvient plus à peindre
Ce qui l'exalte. Comme s'il avait perdu
La juste tonalité de Poussin.
Oublié la magie de l'enluminure
Sur les murs
Qu'avait rêvée Fra Angelico,
Toujours soulevé, si serein,
Dès qu'il captait en silence
Les couleurs, les formes,
Les pensées des êtres transfigurés
Par l'approche de l'ange.

Nous en négligeons l'ouvrage du soleil,
Le drame de l'occident qui agonise
Dans un sursaut de couleurs.
Et ni les yeux ni les aspirations
Ne peuvent plus prendre part
À pareille splendeur.

L'horreur, le fracas étouffent tout ce que la terre
Ne réussit plus à tenir en lumière.
L'apocalypse, qui s'approche
Même depuis l'intime,
Est bruyamment perceptible.
Un grand déversement d'éphémère,
De grisaille, de sang, de laideurs,
Se répand jusqu'à nous.

Et lorsque tout finit par se taire,
Dans un tournant d'éclipse,
Le moindre adorant, qui protège
La mémoire du monde,
Pourrait percevoir
L'effort des pierres
Qui essaient de murmurer…

Avant que tout malheur revienne…
Et que se mettent à clamer
Les humains, avec leur désarroi,
Leurs pensées aiguës.
Et qu'éclatent l'incessante discordance
Entre les vivants,
Les malentendus déraisonnables
Entre jardins et forêts,
Chemins et montagnes,
Mers et rivages.

Et que tourne, retourne la roue
De ceux qui ont perdu de cœur
Le jour, les hommes, le monde.

TEMPS D'AGITATION

L'azur d'aujourd'hui,
Comme une grande eau claire
Sans fond,
S'imprègne de tous regards,
De trilles d'oiseaux,
De tracés d'ailes.

Qui ne pressent qu'une pareille matière
Vient enchâsser les éclats vifs
Des neiges d'altitude?
Ne se convainc que le temps se lie
Aux astres, à la terre,
Dans leurs élans les plus verticaux?
Comme un enfant tient la main
De celui qui l'entraîne avec douceur,
Avec puissance, vers des merveilles.

Être aspiré par un pareil infini,
Effleuré
Par la pure innocence,
N'est-ce le vœu de tout homme
Qui s'élève quelque peu
Parmi les ombres de la mort?
Qui se penche,
Par lassitude, avec des rythmes déréglés,
Au-dessus de l'abîme?

Malléable, le temps besogne
Sous maints dépôts de souffrances.
En lui tout vacille,
Agité par les tumultes, les cris,
Les assombrissements.
Comme s'il était bêtement fragilisé
Sur son gond, livré aux siècles, aux pensées
Qui ne savent plus contempler le matin.
Ni se raccorder
Aux arbres, aux étoiles.

Un simple accompagnement,
Un noyau d'enthousiasme,
Permet de guider
Ceux qui sont restés debout,
Malgré les ravages intimes,
Pour qu'ils continuent leur chemin,
Même en songe.
Qu'ils longent en tressaillant
Le rivage que la mer vient toucher
De sa cadence
– Comme un appel à celui
Qui croit avoir beaucoup vieilli –,
Et qu'enfin le soir éperdu,
Tout à son occupation
D'imaginer le proche matin,
Bascule dans sa descente,
S'émerveille déjà de sa renaissance.

IRRÉEL

Tandis que les yeux me renvoient des signaux,
Légers comme une main qui se pose sur l'épaule,
J'apprends à survivre
Bien au centre du matin.
En m'efforçant de tout apaiser en moi,
De me reposer quelque temps
Au seuil des tracés vertigineux.
Dans l'harmonie bruissante des magnificences,
Des arbres, des ramages.

Et je revois étonnamment,
Comme pour mieux me rassembler,
Certains meubles lointains, irréels,
Avec leur vieillesse massive, odorante,
Tout au fond du langage.
Bahuts, buffets venus de quel âge,
De quelle enfance?
Et avec le vernis ambré, assombrissant
De tant de souvenirs,
Mélancolies, échecs.

Il me semble que tout me rappelle
Le sentier enfoui dont j'ai perdu la trace.
Le long de pierres qui craquent de chaleur,
Près des chardons, des lézards immobiles.
Et tant de voix qui remontent d'une maison
Peut-être sans fenêtres, peut-être aussi irréelle
Qu'une fondation de château en ruine.

Suis-je déjà parti si lointainement,
Dans un voyage évanescent,
En risquant de me perdre, de stagner
Dans un lieu sans lumière ?
En quête
De ceux qui ont déjà traversé le ténébreux,
Et me font des signes multiples
Avec leurs musiques, leurs fêtes,
Leurs sonnets envoûtants ?

Tout cela me retient,
Comme affaissé,
Sous un portique, dans une galerie,
Où la langue recherche la justesse
Du lumineux et de la résonance.
Dépaysé parmi les graffitis,
Les mots dissonants, inaudibles,
Avec une visée encor suffocante…

Mais sans doute que je somnole,
Que je ne vis qu'au ralenti…
Bientôt le soleil va me remuer
Comme naguère, en pleine nuit,
L'eau de l'invisible m'a réveillé
Et désaltéré si profondément.

Corps et âme

Au-dehors, le réel,
En grande partie illusoire,
Et qui, le plus souvent,
Ne fascine
Qu'avec ses apparences,
Avec sa blancheur en sourdine,
Sans véritable résonance,
Qui éteint toutes pensées.

Ici et là, on érige des remparts
Sur le contour des merveilles
Que nous avons entrepris de longer sans cesse.
Et la vie se bute, s'exténue,
Dès qu'elle ne parvient plus à emprunter
Des vallées, des gorges,
À suivre les pistes migratoires vers les pôles.

Même contournées, les présences de la terre,
De la mer, trop souvent loquaces,
Laissent peu de silence
À celui qui s'efforce de respirer bleu.

Sans une attirance impérieuse
Pour l'origine, nous perdons l'art même
De l'élévation, la direction de l'essor.
Et nous allons blessés
Avec des visions asséchantes.

En nous s'ouvrent trop de fentes
Où le malheur fait son nid.
Et jamais, même en pleine ardeur,
Nous ne réussissons à nous rapprocher
Des cimes et des neiges.

Il est si harassant pour le corps
De s'accorder avec l'esprit.
De subir ses exultations,
Ses divagations.
De pressentir son axe.
Aussi, il s'en tient plutôt
À l'alphabet des apparences.

Et pourtant, corps et âme
Sont plus gravement
Inséparables que la mort ne le présage.
Mais leur avenir, leur union ineffable
Appartiennent au mystère.

L'esprit, sans inspiration,
Ne saurait vraiment imaginer
Le futur travail de chrysalide du corps,
Ni la parole qui œuvre déjà
À le rendre subtil.
Pas plus que le corps ne parvient à ressentir
Les feux, les pressions d'or,
Qui l'âme étreignent.

Avec Schubert

À Richard Cormier.

Éperdument voûté d'immense,
Je me rapproche, à sons opalescents,
Avec tout l'être,
Du cœur haletant de Schubert.

Haut à l'écoute,
Comme une sterne,
Mais redoutant à nouveau les blessures.
Et l'angoisse parfois illuminante
Qui filtre le cours du sang.

La musique nous consent
Des périples si imprévisibles,
Si vertigineux à travers les cols...
Même familiers des illuminations
Ruisselantes du matin,
Nous ne saurions éviter
Les bonds dans le mystère,
Ni la souffrance soudaine
Qui peut tout assombrir,
Et d'abord ce qui passe
Par les âges de l'humain.

Plus qu'une oreille contre l'azur,
Il nous faut une densité claire
Pour mieux entendre l'étincellement.
Pareille musique ne s'écoute
Qu'avec l'infini pour repère.
Elle nous tient en surplomb,
À peine voyants,
Au-dessus de l'intemporel,
Avec des tonalités chargées d'appels,
Des larmes de petit enfant sans paroles.

Toutes mélodies, avec Schubert,
Effleurent le divin, entraperçoivent
Le brasier ineffable du Buisson,
Qui nous consume à grandes flammes,
Comme brûle une étendue de vignes
Saturée de vents et de soleils.

MON AIMÉE

À *Lisette.*

Il fait clair, clair
À s'entourer du bleu
Si serein par-delà les arbres,
Et de la lumière
Qui transfigure désirs
Et rivières.

Mon aimée va dans la vie,
En tenant son cœur à bout de souffle.
Nouvelle Pénélope
Tourmentée par une absence corrosive
Et tant de souvenirs roussis.
Tissant patiemment le temps
Parsemé de récifs, de nuits,
De joyaux intimes.

Ce matin, ma bien-aimée
S'est donnée au fleuve.
Allant désirante vers les pays
Qui sommeillent au sein des îles.
Ou se blottissent
Contre les collines bleuissantes.

Un jour puissant de cuivre
L'ensoleille avec des sons de cor
Et la joie des hymnes,
Dans une grande église en liesse.

Mon aimée s'est aussi rapprochée émue, éprise
Des oies blanches qui reviennent du nord,
Pour mieux préparer elle-même
Ses envolées prochaines :
De vrais voyages qui répondent à sa quête.

Elle suit les sauts fléchés des hirondelles,
Les explorations en mer
Des fous de Bassan.
Tout la conduit vers des images
Qui la rendent légère.
Vers l'espace apprivoisé.
Loin de ce qui l'empierre
Et des pratiques de piétinements...
Toujours tenace sur le fil des jours.

Elle va muette, en chuchotant
Sa musique aux fleurs,
Aux oiseaux que la terre lui confie.
Et traverse de grandes salles
En elle, ici et là sur son parcours,
Parlantes de visions que rassemblent
Ceux qui refont le monde.

Tout l'attire ainsi au profond
De ce qu'elle a longuement rêvé.
Attendu depuis que le soleil
A mis son sceau sur elle.

VIVRE

Ici, en soi, qui ne se croit perdu
Dans une campagne, un bocage,
À flanc d'invisible ; ou dans une grotte,
Dans une pièce lisse et sombre,
Lorsque l'intime n'est pas assez dégagé
De ses peines,
Ni du ronceux le sentier suivi.

Excès de désarroi,
Temps qui stagne, où plus rien ne sonne
Dans les songes, ni n'enchante.
Alors qu'au long de l'horizon,
Sans cesse pressants,
Les éclats s'agitent, s'épuisent,
Tels de simples indices de clarine fugace,
Tant nous étreint
Le vide envahissant.

Serait-ce un premier signe de mort ?
De large déversement de la nuit
Jusqu'au fond des réminiscences ?
Une banale déroute du pouls
En panique,
Un dérèglement de pulsations
Qui se mêlent à l'ombreux ?
Comment peut-on rêver
Si haut dans une chair qui déjà meurt
Sur ses contours, avec un sang
Qui s'appauvrit ?

Chaque humain que nous croisons
Nous renvoie son double tragique.
Sa détresse. Comme si vivre
N'était pas une évidence,
Mais plutôt un simple accablement
Insurmontable, le grand défi de Sisyphe.
Qu'il y avait trop d'encombrements,
De clameurs, de blessures à vif,
Pour que le regard, l'oreille
S'accordent avec la vastitude, aux forts élans
Qui attirent quelquefois les oiseaux en nous.

Recourir aux ailes,
Se confier à l'altitude,
Plonger par jeu comme un faucon,
N'est guère probable,
Même si la voûte se tend vaporeuse,
S'élargit sans fin devant nous
Avec de larges trouées de bleu.
Ou que nous nous accrochons péniblement
Aux fragments de vide entre les étoiles.

Car simplement respirer est parfois un péril,
Même dans l'air rassurant, tonifiant de la mer,
Auprès de la patience paisible des arbres
Qui protègent nos yeux de la sécheresse
Et nos pensées des abîmes du monde.

DEMEURE

À certain niveau,
Le fond de vie paraît bien restreint,
Étroit comme un creux de crevasse.
Et les lueurs sont ternes, qui tâchent
À peine de maintenir un lien ténu
Avec la tendre souvenance,
Les anciens bonheurs.

Et la vie se dissipe, dès qu'elle cesse
De viser des hauteurs parfois trop vives,
Ici et là adoucies par des vapeurs
Blanches, paisibles comme des pensées
Qu'aimait capter Corot.

Le séjour accepté sur le rocailleux
Affine tous vrais attraits.
Accroît l'acuité du regard,
Si menacé dans un désordre
Où les merveilles s'éparpillent,
S'en retournent avec l'astre qui décline.

Il n'est pas toujours aisé
De secouer sa lassitude,
Démaillant les instants
Qui nous retiennent au cœur des brouillards
Et des souffrances inachevables,
Tant nous nous tenons loin de ce qui exulte.

Et traversons des embruns,
Butons contre un mur, un tain usé
Qui renvoie notre propre inertie.
Avec une clairvoyance qui détecte
Tout ce qui voudrait prendre forme
En repoussant l'espéré.

Tant de songes s'étiolent.
Tant de jours n'ont pu remonter la pente.
Trop d'enfermement coupe le vivant
Des heures qui rôdent auprès du cœur,
Des sonorités encor saturées de plein ciel.

Malgré tout,
Auprès des ombres de mémoire,
De ce qui s'est efforcé,
Tout ce temps, de se ranimer en nous,
La parole se maintient sereine,
Comme une demeure large ouverte.
Elle se garde en plein éveil,
Attentive aux respirations
Qui balancent la mer.
Aux cloches qui sonnent haut soleil.

Et les espaces infinis,
Loin d'être distants, inaccessibles,
Restent bien en contact
Avec le plus fragile en nous,
Avec ce qui s'unit au vertical,
Avec celui qui attend
Le monde transfiguré,
Promis à l'origine.

Sans quoi, qui passerait
D'un monde à l'autre,
Comme le fait un ange,
Rejoindre le solitaire qui s'embourbe ?
Tout ne pourrait que s'égarer lointainement,
À la façon d'une barque
Mal ballastée à la dérive.

Avec Dante

C'est déjà le début
De l'égarement lumineux que d'aller
Par chemins des altitudes,
Au pourtour des cercles.
Et le risque qu'il faut prendre
Pour passer d'un royaume à l'autre.
En s'éloignant de Dante et de ses *maux éternels,*
De sa *cité dolente,* de sa *gent perdue.*
En donnant, comme un tout-petit,
La main ou l'ardeur à Béatrice.
En s'avançant hardiment avec elle, sans crainte,
Pour bien desceller en soi toute espérance.

Cela tient davantage de la corde raide,
Hors de l'être, que du grand envol.
Mais le voyage peut aussi se poursuivre immobile,
En délaissé, bien au centre,
Là où les étoiles abondent,
Là où le soleil passe consolateur par-dessus
Le silence, adoucit les douleurs dans l'ombre,
Les gelées hâtives du cœur,
Auprès des versants
De tout ce qui s'élance haut, immensément.

Alors, c'est bien d'un aveuglement
Qu'il faudrait se plaindre.
Après avoir perdu
Les possibles du regard.
Après s'être risqué
Dans les temps qui nous font mûrir,
Encor secoués de mouvements noirs.
Après s'être risqué
Jusqu'à la voie ascendante,
Avec des moyens amoindris.

Tout passage véritable ne s'accomplit
Que dans un renversement des pôles,
Par l'intensité d'une quête.
Et alors seulement se déploie large
L'horizon naissant.
Se produit l'éblouissement de ce qui vibre
Avec sa musique :
Le vrai parcours est à ce prix.

La voix de Béatrice, de tout guide,
Ne peut provenir
Que du fond le plus secret de l'âme,
Du jardin ineffable
Où se rassemblent,
Comme dans un matin qui s'éveille,
Les mots avec leurs couleurs,
Leur clarté, leur sens indicible.
Là où essaie de se reconstituer
Un langage vital qui prend son air
Dans les parages des anges,
Et glorifie enfin *l'espoir de la hauteur.*

TRAVAUX

L'intemporel,
Qui n'est pas confondu avec l'immobile,
Ne se laisse guère approcher
Par escales, par détours.
En lui tout se concentre, veille sur l'être.
Et seule une sérénité familière de l'admirable,
De l'inaccessible,
Permet de le pressentir.

Ainsi le vrai potier, même dolent,
Ici-bas garde bien vive l'argile,
Rêve longtemps sa forme sur le tour.
La regarde tourner avec lenteur
Autour de son désir,
La polit avec l'égrisée des étoiles.

De même le joaillier voyant
Affine journellement son regard
Pour bien soupeser, élire sa gemme.
Car trop de matité envahissante,
Ou de ternissement imprévisible,
Risque en elle d'éteindre la splendeur.
Et de refroidir, désemparer le fervent.

Ce sont parfois des tâches qu'il faut savoir
Laisser aux siècles, aux feux
Qui peuvent tout purifier.
Comme à ceux qui ont la pratique
De recueillir ce qui meurt
Sous les rais, auprès des perce-pierres,
Ce qui étouffe
Dans l'étreinte du silence.

Mais les poètes aussi éveillent
Les noyaux intimes
Qui se changent en langage.
Seule façon forte d'aviver les mots,
De s'abandonner à leur puissance inventive,
À leurs vibrations de bronze.
Afin que s'affirme la démesure
De l'humain qui sonne dans tout l'espace,
Annonce haut les béatitudes.

MATIÈRE

Par miséricorde, enveloppant l'aujourd'hui
Dans la profusion des éblouissements,
La lumière s'avance au-devant de nous,
Finement en trouant les feuillages.
Ailleurs, la rivière aveugle
Ceux qu'elle fascine,
En guise d'apaisement du vivre.

Car même les jours qui nous traversent
À midi peuvent se renverser dans la nuit.
Les astres n'ont guère davantage de maîtrise.
Et maints remous de catastrophes attirent
Ceux qui cèdent aux cauchemars,
À la nostalgie.

Comment se redresser,
Tendu comme l'idéal qui se forme ?
Dépasser le niveau de ce qui suffoque
Dans les ombres, dans les marais,
Dans les cœurs atteints de mutité ?
Pauvres humains sans larmes, sans paroles,
Incapables de bien rester en exigence.
De garder l'amour sur la voie
Qui va verticale au travers du monde.

Maintenant, qui ne se remémore
Quelques signes,
Certaine besogne d'images
Atroces, indissociables du réel,
Talonnant l'horrible, la poussière, la cendre.
Une façon qu'a eue la matière
De limiter et d'assécher l'homme.
De rendre impensable,
Sans frayeur,
La lancée de tours éminentes.
Une façon de voir crouler la démesure,
La ville sur l'écran.

C'est de tout cela, et de la mort
La plus silencieuse, et des corps pulvérisés,
Dont se souvient la splendeur du jour.
Qui tant voudrait bercer le malheur,
Les détresses sans langage ;
Consumer toutes éclaboussures du mal,
Retrouver le sens des vraies flammes
Qui guérissent, de la compassion
Qui apaise les douleurs, rassemble
Les pensées errantes parmi les humains.

AVÈNEMENT

Il faut nous tenir bien arqués...
La cible du bleu est si fuyante.
Et bien graver la courbe
Pour mieux préparer la visée.
Intenses nous devons consumer le temps
Et nous centrer
Sur la présence la plus inaccessible,
Au profond de l'embellie.

C'est ainsi que durant la nuit
Je m'attarde auprès des souffles d'étoiles.
Comme si je voulais prendre le pouls de l'univers.
Maintenir une attention constante
Pour recevoir les ondes
Qui éveillent l'horizon avec le matin.
Car tout me confie qu'il va se produire
Un avènement à nous faire chavirer.

D'ailleurs, n'est-ce pas un signe
D'épuisement
Que cette indifférence aux éclaircies
Dans l'espace, dans les heures?
Que de ne pas savoir attendre,
À l'entrée de l'infini,
La gloire soudaine, innommable...
Lorsque tout est silence
Et que l'inattendu, l'extrême,
Se déplie en nous.

Les mots, les sons, les couleurs
Ne s'assemblent
Que pour discerner la moindre lueur du mystère.
Et c'est par fulgurances
Que la pensée en tremble,
Comme d'immensité tressaille l'esprit
En face de la mer.

Il arrive aussi que les oiseaux aient des lancées
Imprévisibles, comme atteints
Par une luxuriance de signes
Qu'ils sont seuls à percevoir.
Et qu'alors les arbres se mettent à frémir,
Se soulèvent sous la force
D'une clarté intacte.
Et que les bruissements de la forêt
S'entre-tissent
À la musique la plus vive,
Au langage du monde.

Tout est peut-être relié
À certaines cimes, en nous,
D'une chaîne de montagnes inabordable.
Et même à de simples cailloux
Sur le sentier des jours et des labeurs.
À des parfums de pré, des étincelles
Qui nous guident pour mieux nous garder en éveil.
Car tout parle une langue nouvelle, et s'efforce,
Sans frénésie, sans précipitation,
De trouver la clé de la parousie annoncée.

EN ALERTE

L'ailleurs, ici, maintenant,
Se laisse à peine dévisager.
Et seulement pour élargir
Ce qui arrive vers lui
Trop étroit, diminué,
À travers la passion purifiante du sable.

Vient cependant l'exigence de recueillir
Ce qui tombe des étoiles,
Ce qui monte depuis le vert en réjouissance.
Comme pour parfaire la réserve
Des éblouissements, des musiques
Qui nous maintiennent en alerte.

Mais trop souvent, j'entre dans un espace
Dressé en mur, sans fente sur le jour,
J'accède au promontoire fermé
Par l'épaisseur de la nuit,
Sans parapet le long de l'inconnu
Pour me rassurer,
Pour mieux attendre le matin.

Je ne suis pas guéri
D'un temps desséché. Je m'immobilise
Dans une sorte d'effroi,
Subitement balafré
Comme un arbre foudroyé.
Non que je brûle secrètement. Je suis plutôt
Épuisé comme un cri s'exténue
À force de ne plus recevoir d'écho.
Fragilisé, me blessant
En m'attaquant aux serres
Qui se referment sur le souffle.

Alors la clameur n'atteint guère
Ceux qui au loin continuent leur route,
En aveugles, en sourds à la file,
Éparpillés dans une masse,
Sans bornes, sans signaux d'oiseaux.
Comme si tout ce qui les accompagnait
Avait pris détours, essors pour fuir
L'oppression avoisinante.

Et c'est dans un mouvement soudain,
Pour une fête imprévue,
Que l'être se désenchaîne,
Se déploie dans un feu d'images.
Tout advient par grâce,
Qui a été lentement formé
Dans la solitude.

Ainsi l'étonnement redevient possible
À chaque instant
Qui consume un silence trop noir
Et les aspérités du rêve,
Depuis la mémoire toujours vive
De voyages antérieurs,
Autour des versants.

Enfin, la parole peut sonner, irradier,
Dès que le sommet est atteint.
Et que le langage est là tout présent
Dans l'extase, comme s'il touchait
Enfin l'azur, mais d'une densité
Si évanescente, si éphémère dans sa proximité !

DÉSERT

À Gilles Tremblay.

Certains jours, la pénombre
Nous perturbe et nous encombre.
Néanmoins, cela mûrit sous le cœur
Encor plus muet. Mieux protégé
De tout ce qui désassemble.

Tout près, le vert des feuilles
Se laisse éteindre,
Les branches s'inclinent,
Tandis que la sève se mesure au silence.

C'est le grand moment du désert
Pour l'invisible, l'accord sourd,
Malgré la distance avec le rocher,
Les alvéoles, les rayons à miel,
Avec l'eau qui purifiait
Ceux que touchait le Baptiste.

Des paroles descendaient alors du ciel,
Comme des rais trouvent leur cible.
Bien que, sans la profusion de midi,
L'enveloppement du jour,
Tout puisse devenir miroir de la pierre.
Si loin de l'affirmation verticale,
De l'horizon blanc à perte de vue,
Du globe de l'âme en flammes.

En me contournant,
Immobile,
Il me semble qu'une présence me ratisse,
Comme on trace des ondulations dans un jardin zen.
Ou qu'on s'attache à me recomposer
En vue d'une musique première.
Avec des fracas de tonnerre, des chants
Lorsque l'oiseau traverse le bleu,
Et des lenteurs de filets d'eau
Qui pénètrent la dune.

On s'ingénie à reformer le paysage
Dont seul Moïse était imprégné,
Alors qu'il revenait des hauteurs.
Solitaire avec des yeux brûlés
D'éternité, avec une pensée amplifiée
Comme un centre soudain élargi.
Tout frémissant auprès de la présence
Clarifiante de l'Innommable qui avait parlé.

Il ne restait au fondateur
Que des mots déformés par le feu,
Par le poids du doux terrible,
Qui dévaste, qui enthousiasme.
Des mots qui prenaient une telle force
Aveuglante, que seule la terre alentour
Savait les accueillir et les confier
Quelque peu à la rosée,
Tout contre le matin.

Alors seulement un vrai parlant
Pouvait les laisser se former en lui, s'envoler
De la bouche sans brûler le langage,
Tout en disant comme personne
Ce qu'il avait vu d'infini
Dans le secret des sables.

Il est temps

Le bleu vient au-devant des regards,
Se met à l'abri dans les yeux,
Comme de l'esprit coagulé.
Espace de ravissement inépuisable...

Et nous restons gravement
Empêtrés dans nos lianes.
Égarés, en retrait
Dans les saisons anciennes,
Alors que le bonheur allait doucement en nous,
Comme un esquif glisse au ras des nénuphars.

Il n'y a pas d'énigme là-haut.
La seule attirance des oiseaux
Suffit à nous alléger.
Tout donne sur une pareille perfection,
Sur les trajets possibles en profondeur.
Pourquoi en nous ces dénis de l'immense?
Ces détours par la bourbe d'un mal de convoitise?
Cet ancrage dans les apparences?

L'appel véritable parvient par fulgurances
À tonner en nous, mais le cœur s'en tient
À sa torpeur,
À ce qui le rend muet. S'en remet
À ce qui besogne en lui,
Le rétrécit.

Et tout exténue
Les éclats des musiques
Qui nous escortaient vers les hauts portails.
Il y a tant de remous…
Chaque instant nous nous dérobons
À ce qui peut nous garder vigilants.
Tout en persistant,
Avec des pressentiments qui déraillent,
À vouloir passer à gué l'inachevable.

Nous ne nous rendons jamais compte
Que nos chemins
Les plus longuement rêvés
Dévient dans les ornières.
Que tant d'admirable s'affadit.
Tant de murs se dressent contre les étoiles.
Le silence même ne se déplie guère,
Et la haute flamme ne se réfugie
Dans un langage glacial.
Rien ne permet plus aux joyaux de répandre
Leur poudre aveuglante de soleil.
Décidément,
Il fait malheur en nous…

Il est temps d'affronter ce qui désespère.
De laisser certains mots se polir,
Lentement, comme des cailloux
Luisants au fond d'une source vive.
Et de tout repenser dans l'étonnement
Du premier jour, alors que le matinal
Se proposait en joie, malgré les ombres,
Les ouvertures du chaos.
Et que tout voulait s'offrir et resplendir.

Il est temps d'accueillir
La colombe qui chasse la mort.
Et de laisser agir, se déployer
Les audaces des migrateurs
Qui contournent les cimes, simplifient la terre.
De bien se tourner vers le pur écho des gazouillis,
Les rais qui transpercent les feuillages,
Atteignent la franche blancheur des pâquerettes.

LE VOYAGE

Le monde, parfois invisible,
Propose son miroitement,
Tourne comme une planète à feuilles d'or.
La magnificence, en lui,
Ici dans le possible de la quête,
Ne parvient jamais à se détacher
Du vrai noyau de l'être...

Luminosité qui emprunte sa tonalité
À la flamme, au poudrin du soleil.
Qui se concentre sur l'adoration.
Orne ce qui s'élève,
La grande songerie de tout ce qui est vif,
Et passe par les massifs.

Ainsi il fait bleu, il fait feu dans le parcours
Solaire. L'astre n'est guère imaginable
Dans un autre espace.
Il faut bien tout le jour
Pour que l'humain trouve sa vraie voie.
Et sans trop ressentir le froid que déverse
La nuit encor plus profond en lui.
Même au loin où les étoiles
Paisibles se tiennent rassemblées dans leurs alpages
Comme des agneaux en transhumance.

Mais quel homme n'est pas rudement atteint
Par une transe que le cœur
Transmue en battements ?
Tandis que le regard surmonte l'infranchissable,
S'adonne entier
À l'enchantement.
Cela pourrait soutenir seul
L'illusion de voyance,
Bien qu'au sein du haut cortège
Tout ce qui a des ailes accompagne
L'être venu de l'argile.

Mais en revenant à la rudesse
Du sentier et des ronces, contre le mur
Des rochers lisses ou cabossés,
Il semble qu'un rayon insaisissable
Creuse un puits dans notre propre infini.
Sans doute pour que la mer s'y précipite,
Immense souvenir travaillant
À la sérénité.
Il n'en faut pas moins pour mieux lier
Tout ce que l'impatience
Peut laisser délirer de pensées en broussaille,
En dessèchement.

N'importe ! quel voyageur revenu des confins
Ne se sent pas encor
Plus cruellement en exil
Que lorsqu'il connaissait là-bas
L'effroi d'une errance dans la spirale ?
Alors qu'il se croyait perdu, loin
De ce que peut atteindre celui
Qui s'approche de l'intemporel ?
Comme un équilibriste va,
Sans vaciller, sans brusquer
Son mouvement,
Sur le fil de sa vision.
En la blancheur qui aveugle
Même l'œil parfaitement adapté.

FLAMME

Au tournant le plus inattendu, le matin,
Lentement déferle
Une avalanche d'éclats,
Réjouissante, inespérée
Comme un jaillissement immense de source
Mettant tout en éveil.
Ainsi un autre jour se déploie
En proposant ses espaces,
Son plain-chant.

Enfin, les images de l'absence
La plus agissante, la plus lancinante,
Vont peut-être se dégager des ténèbres,
Entrer dans leur métamorphose,
Dans leur transparence.

Comment ne pas se demander
Si tout a bien été préparé,
Si nous avons consenti à chaque ouverture.
Pris soin de bien libérer la barque
Qui seule peut s'éloigner là-bas,
Voguer sur l'ailleurs.
Et sans éclabousser le lisse lumineux,
En se laissant guider par les étoiles
Encor invisibles.

Si rien n'est précipité dans le départ,
Si l'errance n'est pas une fuite,
La quiétude peut tout accomplir.
Et permettre d'abord à l'heure la plus favorable
De laisser affleurer les musiques.
Alors tout se dissipera,
Qui jaillit en bouillons,
S'érige en falaises,
Se comprime en orages.

Oui, les messagers sont déjà présents,
Débusquent en nous
Les silences assombris. Nivellent
Les replis au fond de la mémoire.
Et, avant tout, rejettent
Ce qu'il y a de plus insensé, de pétrifié,
Et tous parasites
Qui gîtent en nous.

Les anges, sans bruit, travaillent
À déplier lumineusement l'infini.
À tenir bien au clair l'intérieur de l'être
Pour le vrai voyage, le pur acquiescement.

Car le temps qui ne brûle
Et les yeux qui ne contemplent
Sont des simulacres de vie.
Jamais ne s'arrête le cours grave,
Exultant de l'intemporel,
Ni ne soulève
L'embourbé en nous.

Il suffit d'être vigilant, de rester à découvert,
Comme de bien détecter, accueillir
Les hôtes en gloire sur le contour
De l'univers,
Dans un fracas de lueurs et de paroles.
Il suffit de s'abandonner à la seule flamme
Qui peut ranimer ce qui est déjà mort.

NOSTALGIE

L'âme fébrile s'attarde
Auprès du matin. Dans une attraction
Bleuissante pour mieux s'éloigner
De la cendre et du fond des peines.

C'est l'instant où l'immensité se laisse
Entrevoir
Avec ses charmilles de verte clarté.
Ses oiseaux qui mesurent les ondes,
Contemplent les levers depuis l'ombre
Des arbres, jubilent par ébats,
Par colloques d'une branche à l'autre.

Mais le corps, comme désaccordé,
S'appesantit de lassitude et de tristesse,
Et nul voyage n'entreprend
Qui se propose.
Il s'enfonce dans une proximité
Très étrangère aux feux qui le sollicitent,
S'en tient au repos, au coutumier de la chair…

Il ne connaît guère l'impatience
Qui questionne le mystère.
Il tolère le faux immuable,
Se ferme à l'ébranlement
De ce qui a pris son essor.
Et sans ressentir le moindre besoin
De recourir aux ailes.

Une alliance d'origine,
Forgée par l'immémorial, persistante,
S'efforce tout de même de nous réunifier.
Surtout depuis que la mort
Peu à peu prend possession
De ce qu'il y a de terrestre en nous.
Et de ce qui s'accroche
Vainement aux grands éclats d'étoiles.

Tout besogne quelquefois
Sous la contrainte, se heurte aux douleurs,
Comme une rivière écume sur les roches.
Et la chair, une chair éteinte, si muette,
À bout de nostalgie,
Dégage sa complainte.

Mais quel aspect du monde pourrait éclairer
Le corps, ralentir
Sa décomposition hâtive ?
La chair de nouveau creuse puissamment ses jours
Dans sa propre insuffisance, dans son obscurité.
Et se méfie de son réveil futur,
Des prodiges que le divin essaie de lui révéler
Concernant sa gloire prochaine.

SOIF

Il me semble, alors que je m'approche
Des ombres lentes, des souvenirs,
Que le puits en moi
Demeure inaccessible.
Ou que s'agite une soif
Qui va et vient
En effleurant tout…
Mais je ne sais plus trop vers quoi diriger
Mon rameau,
Pour retrouver la source secrète.

Tout ce qui aveuglément nous évide
Se consacre au néant,
Sans jamais nous faire résonner.
(Ainsi que retentit munificent
Un fragment de silence depuis l'immémorial,
Et que bruissent des merveilles
Jamais soupçonnées… Des sourires uniques
Sur les lèvres…)
Tout ce qui n'a pas atteint à la plénitude
Nous accable de plus de souffrance.

Le malheur n'est-il dans l'oubli
De l'insaisissable,
De ce qui cloisonne les désirs ?
Comme dans l'errance sur une corniche
Impraticable, en surplomb,
À la merci des éboulements ?

Non ! il ne saurait y avoir d'apaisement
Pour celui qui a déjà entraperçu la crête ineffable.
D'autant s'il sent que l'air se raréfie,
Dès qu'il s'avance dans l'altitude.
Et qu'il sera prochainement secoué
Par un désarroi peut-être mortel…
À force d'être gravement engagé sur la piste
Des longs cortèges d'ailes et d'allégresse.

Ainsi, ce qui paraît parfois le plus léger
A la densité de l'or le plus fin.
Nourrit tout ce qui se constitue
Avec le démesuré en soi.

LE BLEU INTÉRIEUR

Certes, l'intérieur coagulé du bleu m'est interdit...
Sans que je cesse pour autant
De tendre vers l'unique.
Même avec un être émoussé,
Qui a vieilli lors de trajets téméraires
Et trop souvent est revenu
En lambeaux,
Avec maintes fêlures secrètes.

Un jour, j'aurai des os suffisamment
Allégés, comblés par le souffle,
Et profilés par les seuls oiseaux
En allés dans le firmament.

Pour le vrai départ,
Je pourrai enfin laisser mon poids
Au pied d'un arbre,
Sur la berge du fleuve,
Avant d'accepter une forme nouvelle,
Et de viser haut l'inaccessible,
En pure innocence.

Même au risque de ne pouvoir retourner
À mes couches d'ombre,
Et de rester seul avec un cœur calciné,
Avec un appel ancien, toujours
Sur le seuil d'un sacré à peine entrouvert,
Et de me durcir bêtement
Comme une pierre.

Certains êtres du commencement
Pâtissent sans cesse de leur errance,
Par tension extrême.
Comme s'ils s'étaient trompés de corps
En acceptant de naître.
Qu'ils n'avaient pu prévoir les conséquences
D'un acte qui défie les murs, les voûtes,
Rivalise d'aisance avec les martinets.

À fixer de trop près le sol,
Tout finit par les écorcher,
Et non seulement les ronces,
Les rugosités du rocher.
Ils sont pris d'une maladie de l'aile.
D'autant qu'ils projettent
À nouveau un parcours vers les cimes du monde.

Tout les rattache au vivant,
Comme à l'élévation.
L'intemporel jamais
Ne s'éloigne d'eux,
Mais leur donne la pesanteur
Suffisante pour vaquer à la vie,
Avoir le temps de bien assimiler
Les beautés qui éclatent en la nuit,
Comme celles que la mer couve,
Celles qui criblent les versants des Alpes…

Et surtout pour qu'ils maintiennent un regard
Puissant, capable de capter des lueurs
Sur les feuilles,
Avec des mots vierges.
Et qu'ils aient la force de se soustraire
Au lamento qui embrouille
Plus qu'il n'éclaire,
L'arabesque du chant.
Et de bien préserver la voix
Qui nous entretient
Des hauts gisements de la vie.

PRODIGE

Une nacelle blanche dérive
Sur le pourtour du brouillard.
Comme une pensée confuse
Se perd dans sa mélancolie.

Jusqu'ici le soleil
N'a rien touché, qui nous transforme.
Les cumulus s'arrondissent comme des collines,
Les arbres au loin s'estompent.

Puis la profondeur peu à peu
Reprend son amplitude,
Avec la puissance première des rayons.
Tout est bien redessiné,
Qui palpite, scintille, résonne.

Il faut beaucoup d'immensité
Pour porter l'oiseau qui plane,
Pour qu'à chaque appel
Nous consentions à partir.
Et surtout pour que des flammes
Nous traversent,
Purifient en nous le sens du vertical.

Chaque jour tient du miracle,
Que le cœur accepte en lui.
Chaque jour qu'il allège
Appartient à l'inexplicable.

Qui peut mettre à nu le noyau
De vie qui permet à l'arbre d'accepter
Son immobilité, mais ouverte mais vigilante ?
Comme d'accorder humblement ses branches
Pour que son élan le rende musical ?

Le moindre déplacement
Des migrateurs dans l'air du matin
Nous stupéfie.
Comme restent une énigme
L'énergie d'une simple fourmi
Qui gravit l'écorce,
La descente d'une araignée
Qui prolonge son fil.

Tout va ainsi, ici et là,
Avec une forme mouvante.
Dans l'imprévisible du vivant.
Vers la figure du monde, perçue
Comme un halo de fantaisies et d'accords.
Même sans traces de chemin,
Sans balises dans le ciel.
Mais avec tant de variations, de chatoiements
Inconcevables pour qui voudrait tout délimiter.

Tout s'intègre, à chaque moment,
À la cantate que l'éclat et le son
Recomposent sans cesse en nous.
Sans doute pour que nous nous unifions,
Et retournions à notre tâche primordiale,
Face au levant…

Même si le regard doit faire une halte,
Pour que l'être s'adapte à l'éblouissement
Enfin retrouvé.
Et que les yeux s'apaisent
Sereinement dans le silence des ombrages,
Dans le ciel qui se pommelle.
Et que toute avancée, à nouveau,
Continue depuis l'intérieur,
Dès les premiers signes d'éveil.

L'INFRANCHISSABLE

Comme un être derrière le mur
Se meurt d'immobilité,
De ce qui le foudroyait,
Sans cesse je travaille
Pour que le bleu enfin m'agrée,
Avec mon poids de terre
Et de membres.
Je vais sur la corde, en danger,
Fasciné par l'attraction de l'abîme.

Ne devient vraiment vertical,
Par démesure,
Que celui qui se concentre,
Tel un archer
Tend son plus haut désir,
Vise lestement le mystère.
Et renforce tout ce qui provient de l'enfance,
En voie de s'épanouir.

Toute plénitude en moi ne se laisse pétrir
Que si je ne renonce pas à la rêver,
À chaque retour du matin,
En me tenant proche des oiseaux,
Comme autant de signes de ma vie
En élévation.
En condensant le soleil
Pour qu'il me brûle bien l'esprit,
Module sa légèreté.
Et que nulle rupture éphémère
Avec l'horizon ne cause ma perte.

Mais le fracas de l'angoisse…
Il en faut peu
Pour que tout en nous se disjoigne.
Que l'âpreté des conflits
Accentue la fêlure. Que le jour
S'éloigne déjà masqué
Par les nues.

Le corps capitule aisément.
S'en remet au désastre,
À l'évidence des sens.
Se laisse mollement enfouir
Sous les retombées de peines,
Dures, froides comme des grêlons.
Et l'âme tant bien que mal
Se préserve
Ou suffoque sous l'obscur.

Mais qui, parmi nous,
Ne doit affronter un pareil risque
De se dissocier? De ne plus se reconnaître
Dans le miroir. De ne plus nourrir
Son cœur en attente,
Qui reste asséché au bord de la mer.
Dans l'effroi de l'étendue sans fin.

Or frôler l'infranchissable
Tient léger le vivant.
De même qu'acquiescer au saut impossible,
Malgré l'inquiétante largeur des précipices,
L'immobilité virante du vertige,
Ou l'urgence
De contourner les sables mouvants.

Marcher, gravir les heures, exulter…
Me réunifier ainsi avec chaque pensée,
Avec chaque regard de tendresse
Sur les feuilles, sur les papillons.
Regarder la mort, comme on reste éperdu,
Longtemps devant le fond de lumière
Qui envahit l'horizon.

Soleil intérieur

Un noir de grand calme, là-bas,
Où s'estompent les silhouettes
Si franches des feuillus.
Alors que les rayons,
Même à contre-jour,
Exaltent joyeusement les ramures
De plus en plus rousses.
Effleurent le recueillement lisse
Au large de la rivière,
Par-devant, tout en ombres, en brillances.

Comment garder intacte,
En soi, une telle beauté,
La saisir avec une pensée de tendresse,
La peindre, la graver avec un peu de langage ?
Et sans hâte, pour que tout demeure
Parfaitement éveillé, sans émois ni tourments.
Avec d'ineffables reflets
Qui brasillent dans les mots sans susciter d'effroi.

Mais à l'instant où l'œil croit
Survoler la grande nappe
De l'apaisement,
L'esprit se met à trembler,
Comme coupé de sa mémoire.

Il n'y a plus guère
De silence bienfaisant,
Mais un appel retentissant en nous
Qui accroît son espace.
Mais une plainte qui s'élance,
Immobile comme une ogive de pierre.
Le cri de tout ce qui s'est longtemps tu,
N'a pu se former en paroles.

Il semble qu'une partie du monde
S'éteigne en plein jour.
Que le corps se noue
Brutalement. Alors que le désir
En nous était pourtant en partance,
Dans la proximité dévorante de l'éclat,
Allégé de toute angoisse.

Le sentier a pris
D'une façon inattendue
L'escarpement des corniches.
L'à-pic qui surplombe la folie.
Le risque que tout l'inachevé se déboussole
Et s'adonne aux saccages.

Mais il nous faut néanmoins nous engager,
Même sur l'arête, avec un regard
Maintenu sur la pointe.
En funambule…
Car c'est bien à l'intérieur
Que la quête se poursuit.
C'est au sommet, sur le chemin en lacet,
Que le soleil déjà en plénitude
Se tient prêt à tout ressaisir,
À nous soulever dans l'exultation.

FRACAS

Il arrive que les arbres s'affaissent
D'épuisement,
À fleur de rivière,
Comme atteints sans répit
Par des jours et des pensées sombres.
Malmenés par le vent.

Mais en nous,
Tout se passe en pleine poitrine.
Avec un cœur qui déjà s'affole
En profilant son futur,
En remontant sans cesse
Dans un passé
Que même les réminiscences de bonheur
Ne parviennent à jalonner.

Et cela colle au souffle. Nous empêche
De bien respirer, de nous essorer
Avec des claquements d'aile...

Que sont devenues la fraîcheur
Et l'opulence du premier jardin ?
Et les moments indéracinables de l'enfance ?
Tout se tient maintenant bien au fond
De ce qui jamais n'affleure,
Et n'a suffisamment de forme,
De légèreté pour prendre son envol
En pure conscience, en pure jubilation.

Tout nous déconcerte, nous entraîne,
Avec des êtres sans traits reconnaissables,
Avec des lumières affaiblies qui ne s'élancent
Pas nettement de l'âme, mais plutôt de la nuit...
Des ombres, des résidus
D'homme ancien.
Des rêves noueux
Qui ne parviennent plus à nous élever
Quand l'azur nous aspire,
Ni à nous rapprocher de l'origine
Et de la splendeur.

Certes, maintes lamentations sourdes,
Mais rien d'horrible,
Rien de vacillant,
De finement décelable.
On se penserait dans une épaisseur en camaïeu,
Dans une grisaille entre deux mondes,
Entre deux vies.

Comment peut bien s'enténébrer ainsi
Le secret vif de chaque homme ?
Que sont devenues les images du commencement,
Qui se proposaient avec tant de candeur ?
Tout dorénavant semble dériver.
Tout poursuit son chemin,
En portant sa part de mal,
Ses fragments des âges du monde.

Restent des intonations friables comme du givre,
Mais si chères qui nous traversent,
S'élancent comme des chants,
Percent des passerelles du matin,
Commencent à tout désembrouiller,
Ouvrent le voile qui empêche
L'accès au fracas lumineux,
Au flammé des lueurs,
À l'âme *qui meurt de ne pas mourir.*

TRAVERSÉE

Pourquoi, si maladroitement,
Prêtons-nous le flanc à ceux
Qui nous frôlent à peine?
Acceptant que l'amour, même irradiant,
Soit accueilli
Comme un bouquet de ronces.

Tout l'humain
Ne travaille-t-il pas
À raffermir ses élans verticaux?
Ne rêve-t-il de se proposer léger,
Lisse de bienveillance?

Qu'est-ce qu'une parole
Qui croit se propager comme un rai,
Mais, en rameau écorcé
Se bute à l'autre.
En sonorité fêlée
Par des mots discordants?

Nous, qui allons avec des attirances
Faseillant sur la vie,
Pourquoi ne nous rapprochons-nous
L'un de l'autre
Qu'avec des souhaits tronqués?
Bien que l'ailleurs
De si près nous environne,
Tente de nous entraîner dans son indicible
Pensée bleuissante?
Et que tout en nous jalonne la voie
Loin des sécheresses,
En direction du matin qui se lève?

Nous mourons peu à peu de refus,
En nous cuirassant
Pour mieux nous abriter
Des feux, nous protéger des vertiges.
Dans une lourdeur encombrée
D'absence, de cécité, de mutisme.
Avec un être tordu
Comme un olivier vieilli, sans fruits.
Sous tant d'ombres plombées
Qui s'entassent en nous.

Or demain est ici, maintenant.
Mais il n'y a pas d'intemporel
Pour celui qui se ferme,
Se refuse à l'appel.
Qui en perd gravement sa lumière.

Il n'y a pas de jour non plus pour un soleil
Qui privilégie les détours.
Comme s'il était refoulé par la foule des morts
Qui montent, asséchés,
Avec leur seule poussière de terre.

Nul ne parvient à sonder le mystère,
L'intérieur consumant
De celui qui a mal...
À qui parlons-nous?
Avec quels souvenirs?
Avec quels mouvements du cœur?

Et si tout, pour se purifier,
Devait s'en remettre au désert,
Aux grains du sable
Immensurable.
À la cendre tel Phénix.
Ou se laisser terrasser par le solaire.
Se laisser tirer comme une peau de timbale
Pour que la gloire promise enfin résonne?

PUR AMOUR

Chaque affinement en nous
Ne se conçoit qu'avec la teinte la mieux bleutée.
Pour que tout parcours
Ne s'évanouisse, ne se place
Étourdiment au ban du monde.
Le bleu seul a l'ouverture suffisante
Qui permet au soleil
D'inaugurer sa véritable quête,
Et même d'une façon un peu trop rude,
Lorsqu'il nous taraude.

À certains moments de jubilation,
Le plus intime est balisé
Par le bruissement des ailes.
Surtout si notre offrande,
Bien ouvrée, brossée, brunie,
S'élève – ainsi que de Brancusi une forme
Épurée naît de l'or –
Et renforce l'inoubliable.

Mais tôt une fine lézarde
D'abord nous fragilise,
Puis s'élargit comme une faille,
Nous réduit à nos propres ressources.

Délire soudain, hantises.
Tant de mirages auparavant semblaient
Griser notre vie, accentuer ses éclats,
Qui nous rejetaient
Hors du pur amour,
Brisaient tous élans,
Toutes musiques provenant des altitudes.

Il est plus que difficile de se garder
En lieu lumineux,
Quand tout nous paralyse
À chaque tournant,
Nous assaille au plein de l'enténébré,
Nous contraint à la braise, à la cendre.

Nuit… Nuit jusqu'au fond du regard.
Où plus rien ne vacille.
Nuit étrangère même aux étincelles
Qui crépitent si près des étoiles.

Ainsi nous nous taisons,
Nous nous détournons l'un de l'autre,
Supportons l'assaut des pensées hostiles.
Tant de puissances insaisissables creusent
Leurs douves, érigent leurs murailles,
Assèchent l'herbe au long des élévations.

Et même depuis l'intérieur, centre
Des ensevelissements,
Quelques souvenirs oppressants s'agrippent
Au moindre espoir qui tâche de se redresser,
Nous étreignent dans un roncier.

Griffures, blessures noires.
Avec cet aspect d'irrémédiable
Qui est la souffrance la plus agissante.
À certaines étapes,
Tout perturbe l'immense.
Et l'espérance, dans l'espace lisse
Où parfois elle s'égare,
Ne retrouve sa voie que si elle persiste
À bien répondre au matin.

ÂPRETÉ

Quelquefois nous sommes dans un tel état
D'âpreté, comme affaissés,
Que nous repoussons la charge même bienveillante
Des pensées qui nous approchent,
Se pressent pour nous soulever
Dès le réveil, dans la pleine présence.

Trop souvent le temps,
Tout en clameurs,
Emmure l'angoisse bien profond.
Nous rudoie sans relâche,
Nous maintient soumis sous les bourrasques,
En nous livrant aux heures.

Et les souvenirs, et les attraits
À perte d'impuissance,
Ne peuvent que nous secouer
Depuis l'enfoui.
Tandis que de grandes aspirations nous travaillent
Dans nos moindres secrets,
Tout en nous resserrant, nous adoucissant
Pour nous rendre poreux
À certaines paroles
Qui nous atteignent.

Il faut tant de limpidité en soi
Pour que le cœur apprenne à vivre la terre,
Comme une simple marguerite vit sa blancheur
Dans les prés, sans miroir d'elle-même,
Sans douter du jour qui va la saisir.
Comme une rose ne reconnaît que la plénitude
En joie des regards qui la contemplent.

Et que le battement parvienne à porter
Une supplication bien arquée,
Tournée vers l'escarpé ineffable…
En se laissant rythmer par quelques mots denses,
Quelques oiseaux qui entrouvrent l'altitude…

DÉLIRE

Non que je sois impavide,
Mais j'approche bonnement
De la mort quelquefois sans l'entrevoir,
Comme si je l'avais déjà croisée,
Presque effleurée
En la devançant,
En changeant de direction.

Non qu'elle me soit familière,
Bien qu'elle connaisse mes failles,
Mes appels, mes détresses
Incrustées dans le corps.
Ce qui m'abolit discrètement,
Agit dans l'intimité
Du vivant la plus indicible,
Nouant et dénouant sans cesse
Ce qui devrait rester vif
Et suivre son cours.

Ou encor œuvrant ferme
Sur le polissage du mystère,
Sur sa rutilance la plus vermeille.
Captant la mémoire par fragments,
Retenant l'inoubliable,
Ce qui en nous déjà étincelle.

La mort sait bien que chaque matin
Je questionne le soleil par nécessité.
Allant au bout du bleu
Avec les oiseaux des profondeurs.
Et que le jour modèle mes pensées,
Les maintient dans l'accord.

Il n'y a guère de maître pour le trajet.
Et même aucun repère
Là où tout s'élance, exulte au plein des musiques,
Au centre rayonnant de l'anémone.

Tous les périples qui étaient à faire
Ont déjà été faits.
Tous les horizons ont disparu,
Qui n'étaient que des marchepieds.
Il n'y a passage que d'une cime plus nue à une autre
Plus élevée…
La vie en infini vertical a commencé.

FEU

La terre, la terre,
Tant de morts l'attendrissent,
Tant d'êtres épuisés
Comme des oisillons que la tempête
A rejetés.
Tout ne cesse
D'alléger la planète pour la prochaine
Illumination, le choc de son réveil,
L'envahissement de l'intemporel
Qui s'unifie, rassemble
Toutes amours,
Toutes lueurs lointaines qui ont survécu.

L'unique qui est venu, un jour l'a clamé :
Le feu vient pour tout diviser, tout unir.
Comme mystérieusement tout se relie à l'infini,
Aux cortèges des anges.
Tout se nourrit en consumant,
En se consumant.
Et même le corps qui filtre, purifie
Ce qui le soutient dans son service.

C'est pourquoi, chaque jour qui passe,
Nous apprenons à prendre la mer,
Le lac avec les yeux,
Comme le poumon s'ouvre à l'air.
Et nous laissons l'eau bienfaisante
Déborder jusque dans nos songes.
Sans que jamais la source en nous
Perde contact avec la cime d'origine.

Le regard se concentre pour rester mobile.
Prêt à fuser vers l'étoile qui passe.
À se tenir sur le qui-vive parmi les arbres,
Quand la terre se met à douter de son axe,
Et que des pans de continent
Se chevauchent, déclenchent des cataclysmes.

Alentour un noir des profondeurs
Convoite le sol,
Contamine les heures
Qui remodèlent les corps et les saisons,
Soupèsent le vivant.

Un accès de nuit
Fait divaguer l'innocence,
Dévaste les balbutiements,
Avant que toute folie, toute fureur
Ne se calment et que la plénitude ne s'impose.

Et va notre vie de la sorte,
Comme une barque ballottée
S'égare en tous sens,
Se convainc que le soleil
Bientôt baignera dans la mer.

LA SOURCE

Si un sourcier balançait sa baguette
Au-dessus de l'âme,
Il découvrirait vite la source,
La pure d'où jaillit la lumière.
Car, ici et là sur terre,
Tout n'est que mirages de sable,
Rochers rugueux devant le regard,
Mer en ténèbres,
Panique des oiseaux,
Sommets muets de vertige.

Pour bien accueillir les arbres,
Le gazouillis des chardonnerets, les mésanges
En éclairs, les cardinaux dans l'éclat,
Comme les nappes de brume
Appesanties sur l'eau,
Choyées par Turner,
Aussi bien que pour déceler les feux
Soudains des amours,
Les musiques qui retentissent depuis l'origine :
Il faut pouvoir se fondre dans le bleuté
Le plus intensément outremer,
Le plus éloigné du noir, le plus subtil
Qui a filtré tous les soleils
Jusque dans l'esprit,
Dans l'invisible.

À vrai dire, tout se dévoile
À travers quelques images
Du monde, par élans d'ascension,
Par ébranlements, supplications face au sublime ;
Par peines graves qui font se coaguler
Le cœur, ou le font s'agiter comme un pivert.

Mais, quelquefois, se révèle plutôt,
À travers la nuit,
Cet au-delà de terre où tout se perd
Sans l'aide de quelques jalons d'étoile.
Cet espace tragique,
Assailli par d'anciennes poussées
D'immémorial, tourmenté
Par ce qui l'a calciné,
Par la vie qui égrène des îlots
De silence dans le flot du sang.

Qui pourrait vraiment déchiffrer
Avec les seuls nombres
Un pareil lieu de mystère,
Que les mains n'ont jamais effleuré,
Ni même les yeux pourtant obstinément
Retournés vers l'intérieur ?
Qui pourrait mettre à découvert
La grande clarté inconnue, l'ineffable,
Qui nous garde vifs,
En attraction ?
La magnificence révélée
Par l'horizon élargi de tous les levants ?

Or parfois ne rayonnent autour du souffle,
Notre plus grande force,
Que certains sourires de tout-petits,
Accessibles comme une plage,
Où l'âme ne cesse d'irradier.

L'INTIME

Comment détordre les heures,
Si mal tramées par notre vie ?
Reprendre calmement, en le lissant
Avec la parole première,
Le récit de l'intime chiffonné
À force de se le redire.

Telles tribulations persistent,
Même à l'orée de la plénitude.
Alors que nous approchons du porche
Où la parole se réfugie, qui viendra
Réveiller, dénuder l'être.

Peut-être ne savons-nous plus
Nous imprégner de l'aube
Encor soumise au silence ?
Ni rassembler les espoirs,
Auprès du matin,
Qui attirent le temps et le monde.

Sans le haut foyer qui nous épure,
Comment bien maîtriser la détresse ? Comment
Espérer l'unique rencontre avec l'indicible,
Sans se laisser guider par la colombe ?

Il faut bien voir que nos jours s'exténuent
Alors que nous sommes
En contrebas des merveilles.
Debout, déchirés d'être à la fois séduits
Et affligés par les pics lointains.

Et le langage alors
De ce que nous avons formé,
En secret, comme tracé avec le bleu,
S'approche-t-il réellement de l'horizon,
Ou retombe-t-il en se dissolvant
Dès que l'éclat sur lui concentre
Sa puissance? Sans sourdine.
Sans égard pour l'œil ni pour les mots.

On croirait que la mort déjà opère
Avec des jaillissements de suie,
S'engage dans la spirale des affres.
Qu'elle s'infiltre dans la moindre lueur
Du regard le plus limpide.

Et pourtant, la délivrance est prochaine…
Elle se produira peut-être au sortir
D'un pré de pâquerettes,
Sur une falaise en surplomb,
Dans l'étreinte d'une mer
Qui se déplie soudain.
Au-devant d'un horizon que plus rien ne dévaste.
Sous une clarté recouvrante,
Éblouissante, qui passe le monde au tamis,
Magnifie tout.

L'ENFANT

Certains soirs, la foudre nous croise,
Déchire l'espace sans nous désoler.
Comme si elle empruntait un chemin irréel.
Ou que nous avions perdu contact
Avec le temps, avec les arbres.
Devenant invulnérables.

Mais il faut retrouver l'enivrement.
Protéger le refuge secret en nous
Où toute pensée lumineuse nourrit l'ombré.
Comme un rai transperce les couleurs
D'un vitrail afin que le glacial
Du dallage plus bas à nouveau s'anime.
Il faut consentir au merveilleux,
Demander à sa vie
D'essaimer dans les hauteurs.

Tout devient noir pour qui ne sait se mesurer
Au soleil, et perd ainsi son lien
Avec le matin.
Poursuit ses jours
À ras du vide, assailli par des craintes,
Et se dessèche, loin de la mer.
Ne retrouvant plus guère en lui l'exultation
Des cristaux de neige.

Transmettre notre mémoire
Même à l'écorce, même à la membrane
Lisse de l'eau, même au désert,
Est une tâche pour celui qui s'efforce
De rester en éveil.
L'oubli frôle de si près l'abîme,
Déséquilibre
Tout élan vif en plénitude.

À moins d'un sursaut, d'un accord
Avec toute force qui se rapproche
Du passage illuminé
S'ouvrant vers le parc des étoiles.
À moins d'un retour des images
Les plus tendres de l'amour
Qui a su résister à toutes détresses.

Par grâce, l'enfant peut s'ébahir
En nous, et entonner sa joie
Avec un simple roseau. Avec des bruits
D'ailes, des songes de migration.
Avec des poudroiements d'innocence
Que la rivière lui transmet.
Et maints bruissements de feuilles
Qui découvrent leur première saison.

S'ouvre ainsi l'être
Depuis la naissance inexplicable du sourire.
Éclat prodigieux annonçant le solaire.
Vraie légèreté, embellie,
Pour le verbe qui ne s'adonne
Qu'à la musique.

VERBE

À Guillaume, Alexandre, Philippe.

Écrire avec le Verbe
De l'origine, le proférant,
Celui qui place les présences
Au plein du monde...

Je balbutie, dès que je m'en éloigne,
Perds le rythme, la vraie résonance,
Et l'espace que j'essaie hardiment de dénommer.
Allant, me frappant contre des portes
En trompe-l'œil,
Ou contre l'informulable.

Toute quête a besoin de mémoire, d'ardence,
D'ascension. Pour reconnaître les pistes,
Hors des aires de ruines,
Sans craindre de s'aventurer en l'air raréfié,
Et surtout pour que la gemme
Rapportée soit pure,
Comme si elle s'était cristallisée dans l'aube.

Il arrive quelquefois, par nécessité,
Que je m'oriente comme un oiseau
Pique l'azur.
Et que je polisse patiemment des mots
Sur la pointe la plus avancée du rêve,
La mieux parlante, sur l'arête la plus fine,
Avec une verve qui remonte
Jusqu'à sa source pour moduler la plénitude.

Il ne me reste assurément
Que de rares fragments de vraie vie
Pour m'imprégner du langage,
Presser la vendange de ses éclats,
De ses couleurs
(Alors, comme il fera clair!),
Et m'intégrer vertical
Au sein du grand corps où tout s'anime.

Tant que sur la page blanche
Je ne trouve nulle vibration, nul éclat,
Qui sait cliver le merveilleux du monde,
Capte les lueurs sur les feuilles,
Les mésanges à vol si imprévisible :
Je n'ai encor rien dit.
Je m'affaiblis, en chute
Vers le fond du jour.

Rien n'a vraiment émergé.
Je n'ai surpris aucun regard
D'extase. Ni entendu les rires
Des enfants qui s'ébattent le long de la mer.
Ni rejoint l'horizon vaste
Où se nourrissent les vocables,
Les brasiers que propose le matin,
Les lumières qui se gonflent.

Il ne me reste guère
Que de l'indéchiffrable
Sans trace aucune de poème levant,
Sans musiques insolites qui s'esquissent,
Parviennent à modeler
Les ors solaires.

FÊTES

À peine fraîchi par le friselis,
Je vais serein sur la rive,
Sous de hautes verdures, fasciné
Par d'immenses reflets de faîtes sur la rivière,
Elle-même d'un lisse
À peine frissonnant.

Tout va ainsi en lenteur
Comme pour mieux me raffermir,
Me tenir en vigilance,
Sans menace d'épuisement.
Il en faut peu pour que je me sente parfois
Immobile, et me confonde avec la berge,
Lorsque le cœur trop dérouté
Ne réussit plus à se renflammer,
Et que s'égare le désir.

Je vais pourtant vigilant, avec un rythme
Que rien ne violente,
Même sous un ciel de nuages qui débordent
S'amplifient, se dispersent enfin,
Pour révéler abondamment le jour.

Ah! je peux aussi me retirer stupidement
Des adorations, de tout ce qui monte.
Avec trop d'intentions bombées
Rompant les liens qui m'unissent
Au levant,
Au grand corps en gloire
De ce temps imperceptible, inviolable,
Qui avoisine l'intemporel.

Mais une autre fois, je me replace
Bien au centre d'un ciel en bleu,
Malgré les assauts du présent,
Même encor endolori
Par maintes réminiscences
Mêlées à mes âges lointains.

Et reprends avec abandon
Mon cheminement alors qu'affleurent
En moi certaines musiques clémentes
– Largesses de Bach,
Éclats d'argent pur de Scarlatti.

Non sans des besoins de chants,
De résonances, de paysages
Qui émergent de l'horizon,
Raniment en moi les visions premières.
Perpétuant l'harmonie, dévoilant
Le jardin des primes louanges.

Peu à peu, la décrue des images, des sons
Qui me vivifient,
Redonne au souffle, au regard,
La cadence paisible des clairs étonnements.
Égrène les pointes du cristal en larges arpèges.
Tandis que le silence des feuillages
S'accorde avec les grandes allées aveuglantes
De l'eau.
Tout affine l'espace,
Même en nous.
Et là-bas tintent des bronzes jubilants
Des clochers irréels,
Des fêtes insaisissables.

LES OUBLIS

À chaque lever, il faut se déprendre
De la nuit, écarter ce qui obstrue
Les yeux. Comme le soleil désencombre
L'espace, rassemble les forêts, les oiseaux,
Les cours d'eau dans une liturgie grandiose.

Certains jours de grâce,
Des souvenirs pourtant bien enfouis
Réapparaissent,
Ainsi que des veilleuses sont rallumées
Pour rassurer les tout-petits.
Et se forment alors en nous des grappes
De parcelles solaires
Prêtes à être cueillies.
Une allégresse nouvelle
Franchit l'âme, baigne
Les couches anciennes quasi stagnantes,
Mais encor luisantes,
D'un peu d'inoubliable.

Ah ! les souvenirs n'appartiennent
Pas à la mort.
Ni les images des paysages
Qui nous rappellent nos propres extases,
Et ce qui a fondé le réel en nous.
Comme si tous les fragments vifs
Pouvaient même remonter des grands fonds,
Se disposaient en file,
Tels les cailloux blancs du conte,
Pour que le cœur retrouve enfin
Le seul sentier jusqu'à la source.

Des mouvements de mémoire
Se raniment, prennent le large,
Comme des rayons ouvrent l'étendue.
Comme des bernaches exultent
En retrouvant le sens du retour,
À chaque célébration
Que le matin reprend.

Et dans le tréfonds de l'être
Sont refoulés une autre fois les souffrances,
Les aveux, les questions incapables de se mesurer
Au mal de lassitude,
Au moindre vacillement
Des pas et des pensées.

L'œil se ferme de nouveau à l'épouvante.
À tout ce qui se rapproche menaçant.
Comme l'oreille se refuse au tumulte des fureurs,
Aux musiques qui se dissolvent
Dans le désert, là où jadis
S'élevaient en spirale les magnificat
Et, si puissantes depuis la colonne,
Les implorations d'un stylite.

Ah ! si le monde pouvait se raviver
Avec nos simples poussées verticales.
Avec les sons rajeunis
De tout ce qui s'est enfin laissé éblouir,
De ce qui provient même humblement
Du passé bien ombré,
Perpétué dans la fraîcheur du feuillu.

Et si les humains ne faisaient jamais table rase
De leur vie, mais nourrissaient leurs racines,
Engrangeaient chaque instant d'éclat,
Aussi bien que les hauts sursauts
De joie secrète et d'enchantement.

VOCABLES

Les mots jamais ne nous leurrent
Ni ne cisèlent de l'illusoire.
Mais l'esprit seul qui les convoite, les défigure,
Jamais ne se laisse éblouir de silence,
Ne sonne de clarté.
Ou ne se risque
Sur un fil de langage
Que tant de trajets répétés
Ont quelque peu usé avec les âges.

Chaque vocable peut s'éteindre,
Se couvrir de vert-de-gris
Qui submerge sa forme,
Se replier dans les puits d'ombres.
À moins que l'air, par matin de grand large,
Ne revivifie son origine.

Car chaque mot descelle son mystère,
Sa capacité vibratoire,
Depuis l'intérieur du sens
– Alors que tout s'éclaire
Et laisse le monde s'accroître –,
Et revient plus chargé d'invisible,
Lorsque la parole réussit à se conserver
Suffisamment bleue.

Or, certaines fois,
Le poème ne se laisse écrire
Qu'avec des vocables
Qui se sont déjà retirés
Dans le fleuve des morts,
En deuil d'Eurydice.
Dans les cercles de l'enfer
Qu'a surpris l'intrusion de Dante.
Ou qui survolent le cours du Rhin,
Sous l'aile des grandes odes de Hölderlin,
S'apaisent parmi les glaïeuls
De Jouve qui se balancent
Sur l'absence pierreuse d'Hélène.

Il ne faut craindre de saisir les mots
En lambeaux jusque dans le cri des bernaches,
Dès que celles-ci ravissent l'espace.
Ni les voyelles ternies au creux des corolles
Avant que les guêpes, les colibris ne les butinent.
Ni de les cueillir dans la brume
Qui rend toutes forêts si irréelles.

L'horizon, dont le soleil s'empare,
Reste un vivier de langages,
D'élans rayonnants
Qui préservent l'or pur,
Calment les tensions des heures,
Se condensent avant de rejoindre la plaine,
Les arbres, dans un long face à face
Avec des mots qui questionnent leur vérité.
Alors le vert placide, le bleu
Prennent leur ampleur,
Et tous volatiles se confient
Aux aires du vent.

C'est surtout devant la mer,
Parmi les rumeurs,
Avec un regard éperdu,
Que l'amant retrouve
L'amie en gloire, tôt disparue,
Sa présence affinée par flammes,
Par lumières intenses,
Afin que dorénavant
Tout en elle demeure mémorable.

ÉLAN

Tant de regards
S'éclipsent avant l'élan.
Archers sans force, à point de mire brouillé.
Sans ferveur qui les avive.

Comment entamer le jour,
Débroussailler le moindre sentier?
Comme si nous demeurions
Paralysés par maintes beautés
Qui n'ont pas atteint leur achèvement,
Maints souvenirs amenuisés
Disséminant nos efforts.

Dès que l'âme est trop aveuglée,
Elle se tient loin des arbres,
Incapable comme l'oiseau affolé
De se maintenir sur la branche.
Elle s'égare en de vaines torsades.
Avec une énergie qui se consume.
Comme si tout se dissolvait
Dans une vie qui s'exténue en vain
À tenter de contenir la mer.

Or qui, enfin apaisé, n'attend
Ardemment le pur lever de grande douceur?
Pour que la marée d'éclats vienne jusqu'à lui.
Comme des carillons se mêlent
Au chahut des migrateurs,
Illuminent l'espace,
Le profond clair
Du bleu intact, là-haut au-dessus des pics.

L'horizon enfin s'éveille, attire les merles
Au bord du matin. Clarifie les vasques.
Ranime l'ensommeillé dans les herbes.
Et tout se tourne avec les tournesols
Qui suivent le grand arc solaire
En ouvrant leur arc minime,
Offrant leur merveille discrète
Au vent, aux abeilles.

Mais il n'est pas si simple, pour nous,
De rester immobiles
Sans être troublés. Et d'aller,
Par poussée inexplicable,
Pratiquer l'envol
Si près du soleil,
Tout en restant
Dans les ombres.

Ni de nous risquer, avec chaque battement
Du désir,
Au détachement brutal du plus familier.
De ce qui en soi
A été longtemps éprouvé,
A pris, tout au long d'une vie,
Les plis des jours.
Le détour des sentes les moins abruptes
Sur les pentes les plus raides.

Tout cela pour nous rassurer…
Retenir des vestiges d'illumination,
Et d'abord l'admirable,
Aussi bien que l'amour, qui résiste
À toutes secousses,
Comme aux visions intruses,
Déséquilibrantes qui nous désunissent.

MIGRATION

Plutôt fuir le puits des énigmes
Où rien ne nous abreuve.
Retrouver le souffle
Familier des anciens roseaux,
Recouvrer les hautes hymnes
Qu'entonnaient les dieux.

Car déjà la tempête rassemble
Ses indices, met les ailes en péril.
Le doute entreprend une autre fois de tirer
Les ficelles du vivant,
Désaccorde les heures,
Assèche la fontaine vive à peine pressentie,
Ainsi qu'un mal sans compassion
Accable l'humain.

Et lorsque tout chancelle de la sorte,
Chaque jour en nous
Paraît changer d'époque.
D'une façon franche, sans éloquence.
Tout nous ramène à des souvenirs
Que nous pensions pétrifiés.
De même que chaque angoisse imprévisible
Pointe vers le cœur,
Comme l'épervier des versants
Fonce d'un trait
Sur sa victime.

Selon l'âge,
La peur se trompe si facilement de cible.
(Ainsi que le vent se joue de la rose,
Choisit un autre trajet.)
Et la moindre secousse
Peut encor stupéfier
Celui qui n'est pas revenu de l'ailleurs.
Comme la plus étrange discordance,
Embrouiller ses désirs,
Emmêler ses vocables.

Il m'arrive alors de reprendre le passage
Qu'avait entraperçu l'enfant,
Lors de son premier face à face avec le prodige,
Avec l'alouette étourdissante.
Et d'envisager, sans soupçonner le risque,
Une migration vers le possible
Bleuissement hors du temps.

N'est-il pas dit que chaque soleil,
Par grâce,
Esquisse des intentions nouvelles? Débusque
Le fragile, ravive le vivier?
Et qu'ainsi il parvient à dégager le chemin,
À illuminer le champ si vaste
D'inconnaissance?

RASSEMBLEMENT

I

Je fais un pas,
Parfois hésitant, mais dans l'innocence :
Je prends bleu
Qui me déclôt.
M'ouvre l'immense.
Ainsi je me coupe de manières insistantes,
De l'excès des liens,
De tout ce qui s'efforce de me rassurer
Dans les heures,
Et me presse au ras de l'aujourd'hui.

Il m'en faut peu, à certaines étapes,
Dans l'intime,
Pour me sentir entraîné
Par l'idée de quête.
Dans une odyssée possiblement illuminante,
Bien que je sois trop fragilisé
Pour franchir les véritables orages,
Planer au-dessus de mes propres angoisses.

Même dans l'errance, toutefois,
Je ne suis guère en danger.
Je n'ai aucune obsession des haltes.
J'attends plutôt tout vrai signe,
Avec le dessein secret de décrypter
La rose des vents jusqu'à ses confins.

II

Par légèreté,
Présent je demeure,
Rompu à l'abrupt.
Allant même, d'instinct, sur les brisées des ailes.
Me laissant diriger par tant d'oiseaux
Dans un cortège qui se mue
À la pointe, dans une frénésie extrême,
En quasi-ravissement. Convié
À des noces déconcertantes.

Le plus difficile est de me garder intact
Dans l'avancée. Me préserver des fêlures.
Des assauts persistants
Contre des nostalgies
Qui me gardent à l'unisson avec l'enfance,
Me permettent, même frêle,
De survivre.

Maintes images lancinantes
De jours anciens se refusent
Encor à pareil essor. Par souffrance.
Par incapacité de se mesurer
Aux nouveaux éclats qui trop puissamment
Me raniment
Et peuvent tout apaiser.

III

Car c'est pénétrer,
Même par songe, dans un jardin
Jamais tout à fait oublié, au commencement,
Tout en avenir.
Au milieu d'une terre
Visionnaire, en pressentiment de merveilles.
Du moins, c'est appeler
L'espace du premier monde,
Des premiers vergers,
Des premières corolles que le soleil va saisir.
Alors que la matière se disposait totale
À l'illumination,
Rêvait de se mirer dans le regard
Du premier homme,
Sans l'ombre d'une mort
Qui évide les membres.
Et que tout pouvait s'accorder,
Par grâce,
Pour que le seul présent culmine.

IV

À ce tournant de mémoire,
Sans craindre l'irréel,
L'humain n'a de cesse de se rendre plus subtil.
La chair anticipe, survole sereinement
Son propre pourrissement.
Car le désir du vif
Prend vite le penchant de sa purification.

Récit

L'espace s'était agrandi très tôt
Par grand bleu,
Tant pour l'attrait que pour l'oiseau.
Et pourtant, même sorti du sommeil,
Je ne m'étais guère dépouillé
De la nuit. Travaillé
Par des mots trop amers
Qui gardaient vive la plaie.
Par des images
Crues qui se reformaient
Sans égard pour ma sérénité.

Il m'avait donc fallu subir,
À peine debout, de nouveau
Le ruissellement de peines
Extravagantes.
Une autre fois,
Le départ serait pénible…
Comment réussir à me protéger,
Reprendre le rythme, l'accord avec le jour ?

Car toute cette détresse n'était pas mienne.
Certains mots imprévisibles m'avaient remué,
Avaient ouvert une faille sous mes pas,
Subitement comme un sol vacille.
Tout était parti de quelque horreur,
D'un lointain fait divers,
Comme un noyé, en chair violacée,
Dos bombé, remonte à la surface de l'eau,
En plein étincellement.

Un simple message du dehors,
Une ombre qui s'épand,
Une invite à l'indignation, une révolte
Qu'on cherche à me transmettre en toute candeur,
Mais en hâte, avec rage,
Avec des mots d'écume,
Ainsi qu'une vague de mer
Menace de nous saisir
Et de regagner le large avec notre âme.

NOM

Avec les années qui s'accumulent,
Et les levers de jours constants
Qui me révèlent à moi-même,
Me remettent en vérité crue :
L'autrefois intime peu à peu émerge,
Comme si mes images les mieux dissimulées,
Mais les plus étincelantes,
Remontaient intactes de l'enfance.
Refusaient la besogne du présent,
S'en tenaient à ce qui dans le passé
Demeure intemporel.

Tout doit être gravé
Dans le désir
Avant qu'il ne reparte vers l'horizon.
Tâche imminente de vivant...
Rien de ce qui est vif
Ne doit être abandonné
Dans le périssable de la chair...
Ainsi nos souvenirs
Reviennent du passé, changent d'espace,
Restent à jamais resplendissants.

Il me semble que c'est bien de la sorte
Que travaille l'espérance,
Qui ne laisse à l'écart aucune lueur
De ce qui nous a traversés.
Et protège la vacillante,
La flamme innocente
Qui doit s'approcher des merveilles,
Même en les consumant.

De même que lui appartiennent
Le regard incisif de la femme
Qui nous a bouleversés,
La pure sonorité qui nous a fait basculer
De ravissement, nous a saturés d'azur
Au cours de nos quêtes.
Ainsi que chaque oraison fugace
Cueillie par la main des anges.
Et chaque douleur adoucie
Qui s'éloigne de la mémoire.

Et ce n'est que lorsque nous serons vraiment
Au large, loin des tumultes,
Sur le rivage sans traces d'écume,
Qu'enfin rayonnera
Notre lumière réelle…
En vraie messagère…
Car aucun nom ne sera dévoilé
Dans la pénombre,
Ni au carrefour de ce qui s'agite,
Pas plus qu'à l'instant où notre corps se défait,
Se mêle à la terre.

Tout sera bientôt exalté
Avec la ferveur puissante d'un regard,
D'un langage silencieux
Qui ne résonne
Qu'en s'accordant avec les battements
Les plus accomplis du cœur…
Tout exultera à son sommet,
Au sein d'un cortège ouvert par le soleil,
Avec l'immortel qui s'avance.

TOURNESOL

Nous avons maintes empreintes
En nous, incrustées
Comme des veines de pierre…
Tout ce que nous avons rêvé
Avec une joie de tout-petit,
Ainsi que les éclairs des hauts paysages
Que nous tentons de préserver
Du naufrage :
Tout reste indélébile.

Peut-être entendons-nous des musiques
Que seuls les invisibles savent murmurer…
Mais il aura fallu une contemplation tenace,
Des trajets multiples, ailleurs, en nous,
Pour que l'intime secret
Parvienne enfin à résonner de prodiges.

La vie préserve son espace
De pitons, de gorges, de crevasses,
Et ses tracés, ses attraits.
Elle marque l'intemporel
Avec la pointe des heures,
Burine nos peines…
Enfin l'inaccessible
Se profile en langage.
Comme si le fait de cerner
L'ailleurs, l'incommensurable,
Entraînait déjà en soi un déséquilibre,
Une souffrance vierge,
Révélait l'interdit par excellence,
Dévoilait ce qui aurait dû rester
Bien au fond des attirances.

Le ciel, trop souvent,
Ne se propose que par échancrures,
Comme à travers un soupirail.
Comme si nous étions trop embourbés
Dans la vie souterraine
Pour accueillir davantage d'éblouissement.
Et que l'enfermement donnait peu à peu
De la maturité à notre âge.
Que nous n'avions plus l'envergure
Suffisante pour prendre l'essor
Que chaque matin nous propose,
À chaque commencement.

Où sommes-nous réellement
Quand le soleil quitte la limite du monde
En lambeaux ?
N'allons-nous pas, par lassitude,
Que vers des tombeaux
Bien matis par les ombres ?
Avec un être qui n'en finit de se fissurer
Sous la pression d'un amour
Tenu trop à l'étroit ?

Ainsi pivotons-nous quelquefois
Avec des fantaisies, des inadvertances de mobile,
Tout en restant guidés, tendus
Par l'éveil.
Car rien n'est tout à fait joué.
Tout rayon peut
Se saisir de nous, nous entraîner,
De même qu'un tournesol, en silence,
Suit la courbe du feu solaire,
Atteint sa plénitude.

L'INTÉRIEUR

Avec les ans,
La demeure s'agrandit,
L'espace se confond avec le champ des étoiles.
Tandis que l'amour plonge plus vivement
Ses racines en nous,
S'adapte, recherche son équilibre
Avec l'infini.

Et une force paisible débusque les larmes,
Le malsain qui dilapide
Tout ce qui entrave la voix intime,
Ce qui prolonge la vraie colonne
Du souffle.
Ce qui empêche d'apposer
Le nom véritable sur l'horizon,
Pour que tout se révèle, respire large,
Ne redoute plus la nuit,
Mais rassure les matins
À leur source.

Car c'est bien depuis l'intérieur
Que tout veut croître.
Que tout tend à la modulation de l'aile,
Au consentement des tiges,
À l'immensité qui appelle tant d'autres registres :
Tonalités de soleil,
Fonds graves de mer calme,
Aigus des pics, lamentos des vents.

Le corps subit trop souvent
Des pressions si étranges, excessives.
À la limite d'une rupture avec son contour,
Comme avec les entours bruissants.
Alors que la quête accueille
Les oiseaux qui se replient
Loin des glaces et des bourrasques.

Mais comment pressentirait-il
Ce qui sommeille?
Ou reconnaîtrait-il en lui une pareille zone
D'inapprochable?
Une pareille présence diaphane!

L'âme paraît poreuse,
Asservie au corps,
Lorsque la douleur est trop rebelle.
Et que le sang n'a plus guère
De force torrentielle
Pour l'entraîner hors des sables.

Tout en elle
N'attend que l'appel
Du lumineux chaque matin,
Se tient au-dessus des nuées…
Même si elle ne rêve que d'éclaircie.

Tant d'exigences nous assaillent
De toutes parts.
Tout, d'heure en heure, espère le renouveau
Du miracle. L'acte de l'accord
Pour faire un pas de plus
Vers ce qui tressaille,
Exalte l'innommable du monde.

L'INTEMPOREL

J'apprends, non sans effroi,
À étreindre la main d'Orphée dans la barque,
À ne plus tourner le dos à la mort.
Pas plus que l'œil ne se détourne de la mer,
Des cimes, du désert.
Même s'il faut me risquer sur la passerelle
D'un fil au-dessus du temps.
Accepter l'unique espace,
Tout au fond du réel, qui se dilate,
Se contracte comme un battement d'aile.

Ce sont autant de lieux insaisissables
Qui peuvent fort bien accueillir l'homme total.
Comment le corps, alors,
Ennobli par l'immense,
Se révolterait-il contre le bleu
Qui seul le purifie?
Et la passion ne consentirait-elle pas
À se mesurer à l'horizon,
Du fond même d'une pareille étroitesse?

Il faut beaucoup de vouloir et de racines,
Pour se fixer sur une telle pointe de terre,
Comme une plante solitaire,
Un macareux sur une saillie de falaise,
Alors que la nuit assourdissante
Déjà étouffe le déploiement des magnificences.
Et que l'assombri se précipite
Dans le secret des songes.

Mais n'est-ce pas ainsi que les pensées du lever,
Forgées pudiquement,
Sont convoquées pour glorifier ce qui s'éveille.
Et non sans être secouées brusquement
Par l'effort de survivre,
Par le danger de se livrer au plein vent.

Puis, peu à peu, tout prend corps
Dans l'inoubliable qui a tout illuminé.

Mais tant de voyages sont nécessaires,
Pour se dégager des jours,
Parmi les remous d'oiseaux,
Au-devant des appels d'étoiles
Déjà au-delà de leur mort.
Comme une musique s'évertue à rompre
Les faisceaux de sons,
Procède par silences pour marquer l'intemporel.

Et puis tout ce qui a effleuré sereinement
Les grands ors du matin
Se rapproche, même un court instant,
Du malheur et de ses ombres.
Par lueurs subites.
Par chemins déroutés
Sur l'abrupt des montagnes.

À moins que tout ne retombe
Dans l'absence. Sans répliques.
Comme le cri se perd dans un précipice,
Sans échos de printemps, de ruisseaux
Et de brises.

BLESSURES

Plus le bleu est intense, intact,
Sans larges nuées de garde
Au-dessus des regards,
Mieux le froid brutal saisit
Le corps, comme s'il l'enserrait
Dans une gaine invisible.
Et l'attraction seule peut alors le maintenir
Avec grâce dans le plein jour,
Lui permettre de suivre la piste des heures
Que jalonnent quelques étincelles.

Mais il n'est pas de tout repos
De subir des visions qui nous dévorent,
De résister aux saccages des grandes images,
À l'aplomb qui oscille
Au milieu des convulsions de la vie.

Non sans effort, nous nous redressons
Aussi bien avec le pesant
Qu'avec le léger du monde.
Non par défi,
Mais pour que se garde en marche
Celui qui emprunte si fragile
L'unique passage vers sa mort.

Et surtout, pour que l'amour ne s'enlise
Dans une désolation déchirante
Au détour de certains âges,
Alors que des blessures prédominent
Encor secrètement
Qui survivent dans les souvenirs,
Les amertumes inexprimables.

Car c'est bien auprès du silence intérieur
Que la solitude creuse le plus parfaitement
Ses fosses, se ferme aux bruissements
De tendresse, aux malaises
Des puissants éblouissements.

Il est préférable
De tout accepter maintenant,
Afin que demain
Nous sachions mieux résister aux éclats.
Et que ce soit l'or le plus pur,
Le mieux préservé dans l'enfance,
Qui repousse enfin doucement
Les malheurs.
Telle une musique de cloches,
Même impudique par excès de brillance et de pourpre,
Va au-devant de la détresse.

Alors pourra prendre forme l'inénarrable,
Le haut moment de jubilation,
Que nul ne saurait buriner ni écrire.
Et le désir le plus entier s'élèvera,
Qui consume à jamais l'espace
Par voyance.

RÉPONSE

La courbe inaccessible du ciel
Lorsque la fièvre du malheur est trop intense…
On n'en finirait d'endiguer les afflictions,
Les vociférations du chœur terrestre,
Et de tenter de tout feutrer.

Tant d'efforts pour que le regard se détourne
De la turbulence des corps
Qui n'en peuvent. De l'épuisement des espoirs.
Comme un scandale d'obscur profond
Éclate en plein solaire.

Il faudrait une grave naïveté,
Une inattention de l'amour,
Pour côtoyer sans serrements de souffle
L'horreur de l'âge, le dérisoire,
Et tout ce que le cœur condense
Pour mieux se cuirasser contre les faux sourires
Qui nous effleurent,
Contre les regards qui pénètrent dru,
En arme blanche.
Tout de même…
Nous ne sommes guère sortis
De la chair et de l'ineffable.

Mais là-bas, tout demeure si fabuleux.
Avec un peu d'affinement,
Nous entendrions gémir le roc
Tenaillé par la mer.
La clameur désespérée des cimes
Qui ne parviennent plus à préserver
Le peu de chaleur du jour qui se retire.

Mais qu'en est-il des âmes ?
Du contenu des pensées qui ne cessent
De tout polir pour les grands déroulements
Du monde.
Pour les petits cortèges qui se forment
Devant le miroir.
Les Narcisses qui s'en donnent
À regard ébloui,
À perte d'eau bien lisse ?

Décidément, nous devenons sourds,
Si chaque matin le ciel paraît muet,
Sans sillons grinçants, lamentations.
Sans le présage d'un grand large.
Mais peut-être qu'enfin
Tout va converger vers les résonances,
Vers les lumières,
Ainsi que Mozart en mourant le pressentait.

Tout se ravive, s'éveille,
Que l'on protège soi-même
Pour l'offrande,
Que l'on approche de l'horizon
Pour ceux-là qui s'étiolent,
Toujours immobiles,
Chavirent à plein vide.

Un nouveau domaine s'entrouvre…
La réponse est prodigue,
Ainsi qu'un grand pré
Se prépare aux réjouissances des volatiles,
Avec les chants, les ovations
Des êtres qui enfin ont entrevu l'immense.

ÉPREUVE

En fermant les yeux je vais,
Lentement, en silence,
Essayant de gravir mon désir
Sans craindre les signes
Ni les approches du désert.
Ainsi j'avance
Vers la paroi du monde la plus abrupte.
Allant non par chemins de traverse,
Mais par sentiers qui favorisent les cols,
Empruntent les pics jusqu'ici tenus secrets.

Il faut beaucoup de maturation
Avant de se donner
À l'escalade.
Et d'abord le temps patient
De bien creuser le mystère,
De maîtriser la démesure,
De parachever la longue ascèse
Qui permet d'entonner la vie
Par élan glacial ou par feux.
Sans être trop sensible
À la fine meurtrissure de l'amour,
Aux mots noirs qui mutilent les songes.

Le plus imprévisible,
Dans une pareille découverte
De l'humain, semble la résistance
Du sang, l'épuisement du souffle,
Avant même que l'appel
N'ait entièrement traversé le corps.
Comme ce travail incessant de la mort,
De molécule en cellule,
Brûlant tous réseaux qui, encor hier,
Établissaient en nous
Tant de merveilles.

Il ne faudrait surtout pas négliger
L'inévitable épreuve du doute
Qui suspend le mouvement,
Risque de nous rejeter
Dans nos méandres, dans le vaseux des âges.
Ni craindre toutes formes d'envoûtement
Qui rendent floues nos limites.

Mais surtout bien supporter
L'absence d'éblouissement
À l'étape la plus critique.
Dans le face-à-face subit avec l'innommé.
Malgré l'oppression des ombres
Qui nous poussent à la déroute.
Et la perte du sens vertical
Qui permettait de percevoir nettement
La cible du lumineux.

Dans pareil apprentissage de la légèreté,
Au pied des cimes,
La hauteur finit par se dissiper.
L'espace devient nu. Accessible
Comme une fine découpure bleutée
Entre deux nuages. Possible
Comme si déjà l'esprit était lié
À la colombe qui n'a d'autre vœu
Que notre ascension.

Dans un tel engagement, et lorsque la pente
Est trop raide, et pourtant inéluctable,
Des souvenirs du commencement
Nous cernent, nous pressent.
Des visions soudaines, inespérées, nous ancrent
Humblement dans le sol.
Et l'air peu à peu allège la pesanteur
Trop importune.
Et nous n'en finissons de nous élever
Avec une souveraineté franche
Qui nous grandit.

Nuit

Le cœur est trop souvent friable.
À vif, à la limite de la mutité,
Comme un phare éteint
Auprès d'un infini qui se déroule.
Quand il ne sonne pas désespérément
De la trompe de brume vers les souvenirs
Qui l'accompagnent.

Et lorsqu'il se sent ralentir,
Presque figé d'effroi
Qui consume,
Il lui paraît battre à vide,
Prêt à se changer en pierre.

C'est ainsi que certains jours,
Tout au cours de l'errance,
Il n'y a que de l'escarpement sans limites,
Qui ne donne aucun accès au rivage,
Au lieu le plus intime,
À la valleuse paisible saturée d'air salé
Où s'ébattait l'alouette avec allégresse,
Malgré les vents de mer,
Et même quelquefois, par heur,
Dans le mètre des troubadours.

L'affliction la plus terrassante
Ressemble au long gémissement
De l'homme aux abois,
Menacé,
Comme un cerf entend sonner l'hallali.
Oppressé d'images,
Entouré de hiboux, de harfangs
Qui sans cesse hululent.

Ce n'est guère le moment favorable
D'imaginer le nouveau matin venant.
Ni de tremper dans l'or
Les syllabes de l'ailleurs, qui déjà tintent
Dans la bouche
Des éblouis que l'aube soulève.

La pensée en détresse fait mal…
Et sombre trop facilement dans l'inintelligible.
Un regard d'aigle ne parviendrait
À pénétrer son mouvement. Et même l'amour
Ne saurait la reconnaître,
En dépit du long périple parallèle
Qu'ils ont parfois fait ensemble.
Dans la profusion de tant d'appels contraires
Qu'ils lançaient de part et d'autre,
Comme une alarme,
Comme un bouquet
D'admirable
Offert à la vie.

LE VOYAGEUR

À *Mario Merola.*

Je vais en cantonnier inlassable,
Qui retrace sans mollir le chemin
Vers l'intemporel.
En exfoliant même,
Par larges lamelles, le somptueux du monde.
En choisissant l'or très dense,
Les pierres les plus vermeilles,
Toutes gemmes extraites
Des apocalypses mémorables.
Et je m'en tiens aux cimes étincelantes
Pour mieux baliser la voie,
Et tout redécouvrir en pure altitude.

Le chemin le plus efficace n'est-il pas celui
Que le songe invente, redessine ?
Tout voyageur ne doit-il refaire
Un long trajet en risquant
De perdre le sens de l'étoile des vents,
Et d'être sourd aux cornes d'appel,
Emporté au creux des remous,
Au milieu de la mer ?

Ou ne lui faut-il s'aventurer
À fond de simouns,
En se laissant brûler
Par le soleil ? Car le désert nous prend
Durement par la chair, par la soif, par l'angoisse.
Or – quoique les dunes se renouvellent
Par jeux de caprices, redessinent inlassablement
De nouvelles formes : elles ferment l'horizon –
Il nous faut donc dissoudre les mirages,
Atteindre les élévations à rochers,
Au loin, au-delà des apparences du vide.

Et là seulement, en s'agrippant à l'abrupt,
Démasquer face à face le faux orient.
Car rien ici, sur la paroi, n'est ouvert
Ni pérenne :
Tout s'enténèbre. Rien ne bleuit le ciel.
Et ce n'est qu'au sommet,
À bout de quête,
Que nous pourrons accéder
À l'unique courbe
Où le jour va poindre.

Aussi, ne faut-il craindre
De reprendre la route, de la penser verticale.
Mais se méfier des détours, de l'attirance
Des chemins droits.
Et, le plus candidement possible,
Retrouver la proximité
Des grands oiseaux qui planent,
Nos seuls compagnons vers le bleu.

Quelles présences sans ailes
Pourraient ainsi nous accompagner,
Sauf certains héros de légende :
Orphée, Icare, Ulysse ?
Sauf les invisibles, les gardiens
Qui nous rendent si légers
Quand la détresse
Nous rejette vers les crevasses,
Et que la chute en plein essor
Nous dépayse,
Nous ramène au départ :
Au pied d'un monde inconnu,
Au début de la montée.

AMOUR

À l'extrême de la mer
Un massif de nuages côtoie
La courbe imprécise,
Le faux infini en arc. L'illusion
D'entrer dans la vérité de l'espace,
Dans la plénitude imminente.

À vrai dire, il s'agit plutôt
D'une indigence qui tourne
En cercle. Nous décentre.
D'un regard qui se renverse
En lui-même à force de ne pouvoir décoller.
Là où le ciel semblait proposer
Sa pente, la jubilation,
L'escalade.

L'amour, en somme,
Ne se vit-il dans un trajet
Circulaire semblable? Par périples
En soi-même, autour de soi-même.
Par fragments de courbe. Par essoufflements.
Par cadences qui s'efforcent malgré tout
De s'accorder avec le point le plus élevé
De la rencontre? En effleurant le soleil,
Alors que la partance paraît encor possible.

On croirait, d'autres fois,
S'engager dans un récit
Inachevable,
Qu'il faut reprendre à chaque lever,
Telle Shéhérazade, pour ne pas mourir.

Comme si nous pouvions apprendre
À ne vivre que par boucles.
Sans trame verticale.
Par incapacité de prévoir
Le circuit réel qui s'avancera profond
Dans les jours. Avec un corps
Qui commence à trop vaciller
Pour se maintenir sur le fil.
Avec un désir trop défiguré
Par l'atroce
Pour se précipiter à vif sur la lumière
La plus secrète.

Ainsi l'intime travaille démesurément
À se rendre limpide.
À s'aguerrir aux mots aigus
Comme des dards de guêpe.
À s'emmurer contre les ténèbres.
À se libérer des fondrières.

Car c'est souvent malgré nous
Qu'il faut revenir sur nos pas,
Jusque dans le secret du cœur
Où sans cesse l'amour cautérise nos plaies,
Où la vie s'arc-boute contre le malheur
Qui s'approche, se nourrit des courants de mémoire,
Du temps des sommets clairs…
Une autre fois, la montée sera remise
Au matin prochain. Et nous retrouverons bien
L'accès à l'immensité,
Les ailes puissantes rompues à l'élévation.

ENVOL

À certains niveaux de présence,
Nous pivotons sur l'axe le plus fragile…
Le silence nous grisaille.
Et ne sommes plus qu'une argile
Encor informe, malléable, du moins
Au commencement,
Au premier degré
De la plénitude en nous où tout
Peut s'abandonner.

Sur un tour manœuvré
Par les souvenirs les plus à vif.
Et souvent avec une lassitude pesante,
Une sensation persistante
Que le destructible dans notre vie
Est de nouveau soumis
À des barbaries bien étranges.

Cela se produit quelquefois dans une turbulence,
Et même en la vraie quiétude
Qui pourtant mouillait, comme l'enfance,
Dans une rade paisible, à l'abri des heures.
Bien protégée par de longues jetées,
Par des visions s'avançant ferme dans les jours.

Comme si maintenant les tempêtes
Successives, les désordres,
Le vent glacial
S'infiltraient, soulevaient
Les peines.
Que tout nous défiait,
Nous livrait aux déséquilibres,
Aux langages acides,
À l'impasse la plus ancienne.

Il n'y a plus guère qu'une issue :
La voie ascendante
Qui seule se nourrit des réserves de l'être,
Décèle ses failles secrètes
Comme ses liens avec l'ineffable.

L'envol n'a guère besoin d'appareillage.
Il suffit que l'arc de terre soit favorable.
Que la visée
Soit tenue par la supplication,
Et s'allie avec bonheur
Aux grands oiseaux qui partent.

Non sans que nous subissions
Les affres de l'arrachement,
L'angoisse de se dissoudre,
Tel un fût en hauteur s'agite
Dans les tourmentes de la bise.
Encor faut-il savoir aborder
Les bienveillantes escales.
Avoir l'expérience de la proximité
Des astres, sans trop de vertiges,
De folies anciennes, de hantises
Qui provoquent la panique.

Et s'élancer, et monter, et parcourir
La nuit inépuisable
Sans jamais douter
Ni perdre le contact
Avec les ondes lointaines
Des premières paroles de l'origine.

Avec Ubac

Il contemple l'ardoise feuilletée,
En maître des lentes courbes,
En artisan du souffle lisse
Qui caresse la stèle,
Polie par la brise,
Par la mer, par les dieux,
Ainsi qu'une pierre de Crète ;
La laisse onduler, comme hors du temps,
Dans un silence bleuâtre.

Tout vivant a lui aussi ses feuilles,
Comme du schiste, et ses éclats de mica.
Sans répit il lui faut tenter
De les lire,
De bellement dévoiler chaque lueur vierge,
Et ce qui veut se dire à ce tournant-là précis,
Unique des saisons, des rencontres.

Ce qu'il ne peut décrypter :
Le bas-relief énigmatique,
Avec un chiffre qui se dissipe sous les yeux
Malgré l'effort.
Ainsi une douleur, un silence, survient
Qui progresse par anneaux de boa,
Étouffe le cœur.

C'est pourquoi nous avons
Si souvent la sensation
D'être friable comme une terre sèche.
De pénétrer dans un brouillard
Qui dissimule les signes des mausolées,
D'en arriver à ne plus reconnaître les paroles mêmes
Qui ont traversé l'univers,
Se sont illuminées parmi nous, en nous,
Pour nous exalter, secouer les heures.

Ainsi notre apprentissage d'homme
Se bute-t-il souvent à la résistance
De ce qui a été refoulé,
Et n'a pu être accompli,
N'a pas réussi à se dégager de sa propre histoire,
Comme de ses chimères, de ses tourments.

Il semble alors que tout en nous
Adhère puissamment aux cicatrices,
Encor vives,
Dans l'entre-deux de la conscience…
Et sans doute depuis notre origine.

Il suffirait toutefois de rejeter
Hors de nous tout ce qui fait tressaillir l'esprit
– Et que nous continuons de ressasser,
De soupeser –,
Et de repousser les nappes
Traînantes, alourdies par l'absence
De vrai jour.

Puis, dès le matin, de nous replacer
Devant l'ardoise,
En saisissant l'ébauchoir, la gouge,
Le ciseau,
En creusant finement
De purs sillons dans l'être...
Enfin, l'épiphanie du bleu
Nous rendrait plus humains.

MENACE

Tant que nous habitons dans les parages
Du natal, la mort continue de nous assiéger.
De concentrer son avidité.
Et nous n'en finissons de répondre
À des coups si bruyamment annoncés,
À des bravades si ténébreuses.

Et le rêve se tient
Auprès de la courbure
Où tout se lève, se renouvelle, s'accroît.
Veille sur la promesse,
Sur la parole inconsumable,
Sur les couches d'innocence
Que les âges ont posées,
Comme un fond d'or,
Sur la présence la plus secrète de l'invisible.

Mais, de l'intérieur,
Comment préserver la vie,
Le paisible des battements ?
Quand ce qui rôde porte un masque,
Parfois d'une telle douceur, sans traits
Qui affolent.

Ou que tout nous questionne, heure après heure,
Suscite maints désordres,
Laissant maladroitement faseiller,
Comme une voile,
Les pensées
Propres au voyageur.

S'ensuivent de subites actions tonnantes,
De vastes obscurcissements
Qui ferment le ciel au-dessus du désir.
Avant que l'évidence nue, pierreuse se propage
Et fasse trembler les songes
Qui n'ont pas été bien trempés,
Ou n'ont su, le plus souvent, que se distancer
Des vrais émerveillements.

Mais l'espérance jamais ne flanche
Au moindre signe, à la moindre esbroufe.
Le divin nous a bien modelés,
Fortement selon le clair inaltérable
De la vraie naissance.
Par-delà l'espace
Que dore le soleil
En signe de son passage.

Ainsi des musiques entières
Peu à peu émergent
À force de poursuivre le prodige qui passe,
Même très muettement, avec finesse,
Sur le sablonneux,
En suivant l'empreinte
Que laisse la tortue naissante
Appelée par la mer.

Comme si l'accomplissement,
Au plus intime du silence,
Grâce au regard, savait franchir
Les menaces, le malheur sans nom
Qui nous rabâche ses mots d'enfers,
Continue sa quête comme une barque
Dérive sur un fleuve
Dense de joncs et de brumes.

Doucement, loin du tumulte,
Nous nous familiarisons avec le vrai carrefour
Où se croisent les anges, les lumières.
Par travail de grâce. Par élan tenace.
Par attention extrême à toutes les formes,
Même inintelligibles, qui resplendissent.
Par abandon aux trilles hors du temps,
Aux notes suspendues, aux ciels peints,
Aux grandes oasis de l'intemporel.

THRÈNE

À Sylvie et Rodrigue.

Lorsque le soleil
Atteint sa présence intense, au levant,
Brûlé de beauté,
Je rassemble les mots
Les plus inattendus,
Mais quelquefois les plus lancinants,
Semblables à des lamentations de veillée funèbre,
Et avec le seul langage de l'horizon.

Non pour rendre compte
De la nuit qui s'efface,
Mais pour célébrer, par éblouissement douloureux,
Par contraste, par manque, ce qui bouleverse
Le plus gravement le cœur :
La splendeur là-bas toujours tragique
Et l'incessante louange des êtres
Qui poursuivent leur quête.

(Jamais, par ailleurs, pour un esprit mutilé,
Les décombres alentour
Ne peuvent sembler aussi omniprésents.
Comme n'est plus marqué
Le souffrant qui se repose
Pour mieux choyer ses pensées à vif,
Affronter ses obsédantes misères,
Ses griffures du néant :
Et mieux contenir l'amoncellement de gravats
Qui en lui se consolide avec les heures.)

C'est pourquoi le plus léger lever
Me remue sans égards,
Alors que je me protège avec des silences
Qui de tension se mettent à bruire,
Non sans angoisse.

En moi, trop de souvenirs
Voudraient rivaliser avec la magnificence
Du matin,
Comme pour mieux atténuer le sublime
Environnant,
Dans son immense pression de feu,
Dans sa sonorité inaudible,
Dont seuls Bach et Mozart
Ont peut-être saisi quelques fins cristaux,
Certains éclats qui changeaient la terre en musique.

Et lorsque je demeure ainsi atterré par le choc,
Coincé entre mon regard clos
Et le jour qui embrase les crêtes,
Il ne me reste pour thrène que deux sons :
L'aigu sifflé et le grave qui le feutre
De la vive mésange.

Unique façon de ne pas rester muet,
Alors que tant d'érables, de merles s'animent,
S'orientent vers la gloire du monde.
Et magnifient avec leur profusion de ramages
L'immensité qui a rosi,
S'est colorée comme une perle
S'irise en douceur.

DEPUIS LE SOL

Évider l'invisible,
Non comme un projet de Sisyphe,
Une leçon de mage, un dérèglement de langage,
Mais comme une visée, un parcours
Qui jamais ne doit se confiner aux pièces closes,
Mais plutôt tendre l'arc,
Préparer la voie au désir
Qui montera vers le soleil,
Comme une flèche
Traverse la mort.

Évider l'invisible,
En manière de vivre,
De strie en cannelure,
Avec la simple gouge d'un artisan.

Aller vers un peu de plénitude,
Selon sa propre mesure,
En doutant de l'œil et du geste.
Sans craindre la saison des horizons,
Sans négliger d'implanter en soi chaque jour vécu,
Chaque fragment de chemin,
Chaque caillou changé en signe,
Et de se poser haut dans l'immense.
Parmi tous les vifs qui là-bas
Amplement respirent.

Évider l'invisible,
Avec l'audace du pressentiment.
Découvrir le merveilleux
Dans l'égrenage des vastes arpèges.
Rapprocher les sons, les fleurs, les ramures,
À la manière jubilante de l'enfant
Qui s'attarde dans un pré,
Et non en fabulant, en créant un mythe,
En élevant des tours,
Mais en prenant le monde par brassées,
En laissant agir en soi ses puissances.

Évider l'invisible
Avec espoir, mais sans certitude.
Comme on trace à songe perdu
Un trait dans la mer,
Pour l'acte pur de tracer,
D'être en lieu habitable.

Et ainsi d'atténuer peut-être la désolation
De celui qui n'a que le désert
Pour vivre à découvert,
Et en lui ne peut retenir qu'un peu de soleil,
Non sans risque d'aveuglement,
De dessèchement.

Évider l'invisible,
En se rapprochant de l'inapprochable.
Sans négliger la nuit
Qui veille la mort des étoiles.
En prenant les cimes
D'un seul élan.
En redessinant nettement les paysages
Avant qu'ils ne s'estompent au fond des souvenirs.

Évider l'invisible
Surtout pour mieux entendre
La voix qui vient du dedans.
Mieux diriger le regard
Qui dévisage le désenchantement,
Jusqu'à la fêlure de l'âme.
Mieux fortifier le cœur qui laisse monter
Les vrais mouvements du souffle.

AVEC VERMEER

À Nicole et Gilles.

L'opulence du matin
Comme une figure familière,
L'exubérance de tout ce qui monte
Le long de l'arête d'un versant :
Tout va, en hauteur, purement habiter.
Tout ce qui se refuse à l'assèchement
Des pierres et du sable
Se détourne de ce qui n'accepte le jour
Qu'à ras du sol, comme une traînée
Fourmillante d'insectes.

L'œil dépiste l'ajouré à l'abord,
Bien au large des branchages. Et s'unit
Au moindre filet d'air,
Aux reflets des perles,
Des ciels lapis-lazuli,
Comme s'il parcourait, avec l'acuité de l'éveil,
Un lent paysage de Vermeer.

Les yeux apprennent de la sorte
À bien sertir les points d'or
Que nous propose l'ensoleillement à son apogée,
Tant sur les barques, les murailles, la miche,
Qu'avec les cuivres des musiques envahissantes.

De même, au loin, les êtres se dressent
Dans le jour, pour mieux rester
Tournés vers la brise,
Et rassembler
Les pensées si vite égarées.
Ou se tiennent ardemment
Au-dessus des vents à volutes
Innombrables qui tourbillonnent,
Les tourmentent,
Brouillent les miroirs de mer,
Dispersent les meules
Isolées sur les falaises.

Tout nous menace d'ensablement,
Et d'abord ce qui provient de l'intérieur.
Ce qui sonde l'émotion
Exténuée par un amour qui s'épuise.
Ce qui besogne pesamment de trop près
Dans le flou de chaque mot,
Dans l'effort du chant,
Mais n'ouvre pas
Un espace de circulation,
Une possibilité de vol plané avec les martinets.

La parole, qui naît humblement du tour
Encor humide de lumière,
Ne respire pourtant
Qu'en harmonie avec l'infini.
Et craint surtout les raccourcis,
Les forêts touffues, les crevasses, les grottes :
Tout ce que densifie la nuit,
Épuise la moindre lueur qui a perdu
Son lien avec l'orient.

C'est pourquoi, même lorsqu'elle se voue
À l'espace d'un tableau,
Subtilement la parole demeure sur le faîte
Du bleu,
Comme en surplomb sur la piste unique,
Où passera le soleil créant la munificence
À chaque point de sa courbe,
Comme un oiseau regagne les crêtes
Pour mieux diffuser ses trouvailles sonores.

LE DOUTE D'ORPHÉE

I

Eurydice portait magnifiquement ses âges,
S'imprégnait des ors de l'amour
Et du chant d'Orphée,
Ainsi que de tous prodiges, toutes nuances
Des prés et des cimes.
Mais soudainement, dans sa chair, dans son histoire,
Tout en elle avait été envenimé par le serpent,
Et précipité dans les Enfers.

Alors qu'Orphée,
Bien orienté par naissance,
Concentré, chantait face au soleil,
Apaisait les fauves, allégeait les pierres,
Comme il exaltait une épouse,
Qui déjà n'entendait plus, dans ses souvenirs,
Que l'accord de leurs cœurs.

II

Ainsi l'amante,
Muette dans une barque glissante,
Avait été gravement arrachée du lumineux.
Et allait débordant d'effroi
Et de bonheurs éteints
Sur le fleuve qui sépare
Ceux qui ne peuvent plus se rejoindre.

Eurydice, déjà enténébrée
Par l'absence du célébrant,
S'enfonçait dans l'espace
De toutes discordances.
Sans passerelle de retour.
Condamnée aux yeux clos,
Sans musique silencieuse en elle.
Avec une oreille qui ne peut entendre
Même le lever de l'astre,
Et qui perd l'orient du monde en fête
Et les magies de la lyre.

Malgré tout, Eurydice a-t-elle perçu
Les lamentations d'Orphée,
Brunies comme des lances,
La stupeur du chantre brutalement conscient
De son absence, de son exil ?
A-t-elle entendu sa frénésie
Se mêlant aux neuf cordes de la lyre ?
Et les soubresauts de ses exigences,
De sa consternation assaillant
Charon, Cerbère, et divinités ?
Et le refus, tout en nœuds de feu,
De la distance, de l'impasse,
De la séparation des royaumes
De la mort et de l'amour ?

III

Cependant, en tel lieu, on se devait
Avant tout de faire taire le tumulte du poète,
De l'écarter de la ronde des spectres
Qui terrifiaient Eurydice.
D'étouffer d'abord le brasier
Qu'alimentait sa venue ;
De repousser le danger d'une présence si vive
Qui, insensément,
Perturbait leur domaine
En camaïeu, et sans limites,
Provoquant parmi les mânes
Une fausse espérance.

Tout pour que les maîtres
Continuent de tisonner les désespoirs
De la multitude,
Pour que l'Aède inconsolable
Soit expulsé vers l'autre rive,
Malgré sa bravade,
Sa folle tentative de mettre à découvert le mystère.
Plutôt le livrer au foudroiement de Zeus,
Ou l'abandonner aux bacchantes
Qui le réduiraient en charpie.

Or ne valait-il pas mieux chasser
Une pareille morte si encombrante ?
Acquiescer par dépit à pareille insistance
Du demi-dieu ?

IV

Ainsi, tenaillée par l'amour, par le destin,
Guidée par déesse,
Eurydice avait eu l'heur de revenir
Sur ses pas, lentement vers le fleuve,
Derrière Orphée…
Avec maintes précautions de silence,
De crainte d'agiter le gisement des ombres
Où les corps se font piéger.

Elle n'était plus sensible
Qu'au poudroiement des lumières
Marquant les pas du fils de Calliope,
Et avait repris allégée la voie abrupte du retour.
Car rien ne pouvait empêcher le chant,
Aussi bien que la vie,
À forte puissance, d'irradier.

V

Mais voici qu'Orphée s'était mis à douter,
Douter malgré la promesse des dieux…
Certes, il repartait lui-même vers le soleil,
Mais Eurydice ?

Comment Orphée ne se serait-il pas défié
De pareilles divinités
Qui ne lui avaient peut-être livré
Que la seule image pâlie de la bien-aimée,
Forme déjà dissipée derrière, faible fantôme
De celle qui nourrissait encor sa passion, sa mémoire ?

Ah ! Eurydice lui paraissait si loin,
Par-derrière, sur son fil,
Qu'elle ne lui semblait que plus absente.
Et le chantre se persuadait même
Que son épouse déclinait vers les failles.

Ainsi, ébranlé d'angoisse dévorante,
En dépit de l'interdit,
Orphée retourna la tête,
Précipitant alors brutalement,
Malgré lui, Eurydice
À nouveau au fond des ténèbres,
D'où nul ne revient.

Eurydice dorénavant
Se tairait dans ses âges…
Sombre elle s'éloignait
Comme si elle avait chu soudain
Hors du temps,
À jamais perdue par l'amour d'Orphée.

ICARE

Tout ce qui s'élève de l'humain,
Un moment ou l'autre, se place en provisoire.
Parce que en nous tout revient
Aux carrefours, ressaisit d'autres voies possibles,
Ou recherche à nouveau
Les ouvertures des hauts cols.
Et surtout qu'il nous faut prendre le temps
De bien se secouer de l'illusoire.
De laisser mûrir, à découvert,
L'amour unique.

D'ailleurs qui n'est lanciné
De l'intérieur par l'effroi,
Le malheur de celui
Qui se hasarde si lointainement
Dans le désert, à la merci
De tant de forces plus puissantes
Que celles d'une mémoire qui avait voulu
Retrouver l'équilibre,
Prévoir les pièges du chemin?

Qui ne s'est aventuré, dès l'éveil,
Dès l'éblouissement, dans l'excessif
Qui permet aux audacieux de mieux se perdre
Dans l'espace inaccessible?
De s'éloigner des ronces,
Du rocailleux qui bordent
Le cours des heures?
Non sans risquer de creuser une distance
Souvent fort inhumaine.

Maintes fois l'envol s'affaiblit
Par manque de vision,
Par abandon des balises,
Et se termine en simple dérive
Où l'on s'ingénie à semer les gardiens,
Les rapaces sur le parcours,
Tandis que le soleil
Éblouit l'œil intérieur,
Fait fondre les ailes
Comme la cire d'Icare.

En pleine chute, il est difficile
De rallumer l'ardeur qui avivait la légèreté,
Permettait de reconnaître
Le lieu prochain où le matin se lèverait.
Plutôt essayer de maîtriser
La mer en soi, dans une pensée
Fissurée de toutes parts.

Et lorsque la vie retrouve
La bonne cadence,
Qu'elle se raccorde
Aux sonorités claires qui retentissent
En nous avec le jour :
Tout redevient léger sur l'épaule !

Le regard s'élance plus aigu,
Et perçoit tout avec plus d'ampleur.
Se détourne des faux appels,
Des fragments du monde qui miroitent,
Mais jamais de la courbe sans fin qui permet
De mieux s'extasier.

Et nous recommençons à tressaillir.
La flamme reprend possession
Du silence que le bleu rassasie.
Et le départ en altitude redevient
La façon naturelle de rallier les aigles,
De vivre à contre-courant de la mort.

Le silence sans calcul
Fait taire les convoitises, et ce qui bruit
Alentour de l'intime.

J'approche de l'être en surplomb,
Au-dessus du merveilleux
Venant des *pays bleus*.
À la façon d'une barque qui seule sait glisser
Du jour à la nuit, de la nuit au jour.
L'inoubliable en moi franchit ainsi la courbe
Qui permet au désir de planer à nouveau,
À fond de firmament.

Car c'est moins le corps qui dérègle
L'équilibre intérieur, que la tristesse
Poisseuse entassée dans la chair,
Que les fantômes errant dans la mémoire ancienne,
Dessous les âges.
À moins qu'un plein matin
Avive secrètement le cœur avec des feux,
Pour qu'il retrouve le vif de son rythme.

Toute souffrance, qui a conservé
En elle quelques filons d'éveil,
Me pousse à plus d'ouverture,
À plus de transparence,
Si je ne suis point la proie
D'une démesure qui m'excède,
Ni gravement noirci
Par une suie trop imprégnante
Qui occulte tous chatoiements,
Et d'abord la piste de l'essor.
À moins que je n'emprunte un labyrinthe,
En déroulant le seul fil des amertumes.

Dorénavant, pour essayer
De me modeler en profondeur,
J'accepte le risque des pointes solaires.
Les ravages mêmes de toutes splendeurs possibles.
Ce qui accentue les grands tournants
Du souffle et du regard.
J'accepte d'être mis à nu
Avec mes fêlures, tout contre
L'ineffable présence du monde.

Mieux l'odyssée se poursuivra par-delà les pics,
Plus nous nous laisserons iriser
Par l'invisible. Par ce que nous pressentons
Lorsque nous parvenons à distancer l'angoisse
Sur l'axe des courants infinis.
Comme dans toute quête qui mémorise
Des sons inaudibles,
Tente d'approcher les prodiges
Qui étincellent en plein songe :
Telles les couleurs à peine imaginables
Des neiges préservées au sommet des glaciers,
Et les ombres ocrées des écorces
Jamais perçues.

Il arrive ainsi que je m'adosse
À ce qui demeure en paix, à l'immensité,
Au contrefort qui soutient l'enchantement.
Et que je fasse appel à ce qui me fascine, m'allège,
À ce qui en moi se veut vertical.
À ce qui imagine la trame sans fin, ascendante,
Sur laquelle se déploie la vie en vertige.

SURPRENDRE

Ce matin, les échos me parviennent
Du plus haut, de l'arête du monde,
Du plus lumineux qui ravive les cimes.
Tout prolonge la résonance
Qui miroite d'opalescence.
Tout répond à l'inaccessible
Que je pressens.

Il faut beaucoup de clairvoyance
Pour saisir nettement
Ce qui franchit le lointain.
Et d'abord, veiller auprès de la nuit,
Surprendre le moindre déplacement d'étoile,
Bien avant que les oiseaux
Ne commencent à pépier.
Et jubiler, une nouvelle fois,
Face au soleil en grand arroi
Qui recrée le monde.
Accueillir cet infini
Qui nous aveugle en naissant.

Travail tellement plus subtil que celui des efforts
De Sisyphe. Que tout ce qu'ont pu imaginer
Les fabulateurs des dieux.
Il faut croire que la rare merveille,
Passée finement au crible, émerge
Des couches de l'immémorial.

Mais le souvenir des transmutations
Semble désormais perdu,
De cet or qui condensait
Les flammes, les trouvailles vermeilles.
Comme si tout jadis avait été puisé dans les songes,
Et ciselé par les grandes visions
Qui façonnent l'homme.

C'est pourquoi la tâche d'aujourd'hui
Se concentre sur l'impossible :
Flamber avec le bleu de l'espace.
Introduire en soi toutes lueurs
Imprévisibles.
Et même les rumeurs de hautbois
Qui traversent
Des cantates imaginaires.

Et cela, au sein même du silence
Le plus dense,
À l'instant plané du paisible des grandes ailes,
À travers les hauts courants,
Alors que les arbres très nus
Retrouvent la paix, la voix ocre
Que murmure l'écorce.

C'est peut-être ainsi que l'on apprend
À s'extasier comme on respire.
Dans le parfait dénuement
D'un langage qui nous étonne sans cesse
Pour mieux nous tenir en éveil,
Ouvrir la voie claire.
Et surtout, pour exalter l'ascension
La plus légère,
L'élan du martinet,
Tel un éclat
Qui défie l'inattendu.

LES MOTS, LA TERRE

Certains mots, à peine proférés,
Prennent feu. Ou s'essorent,
Choisissent le courant de ciel le plus immatériel,
Ou se taisent profond en mer,
Comme des perles attendent l'audacieux
Qui va sonder l'abysse.

Sans doute pour mieux laisser vibrer
Le corail des fleurs,
Attirer les dauphins
Vers la fine fissure qui permet d'entrevoir
L'autre monde;
Faire résonner les crêtes des vagues
Que presse la lumière,
Baliser les voix tentatrices
Des sirènes encor présentes.

Et largement le ciel virevolte,
Avec ses amas les plus aériens au-dessus des cimes,
Avec les miroirs des déserts
Qui reflètent les brasiers dans leur vastitude,
Avec le vœu des amants
Prêts à cueillir les arbres remplis d'oiseaux,
Avec les nourrissons qui entrouvrent
Les paupières à chaque éclat de lait.

Mais la tragédie se poursuit
Dans tant de lieux qui ont perdu
Les contours du commencement.
Tout semble effacer les pistes du premier homme
Qui avait cru en sa propre mémoire,
Qui avait soupçonné un vrai temps
Intemporel.

Tant de pensées inconsidérées s'amusent
À fermer l'horizon
D'où provient le matin.
À briser le jour et sa cristallerie.
Et de la sorte, avec le soir, maintes couleurs
En transe passent loin du regard,
Se fondent dans les teintes du couchant.

Alors que les grillons désespèrent
De trouver le vrai son.
De ne pouvoir se retirer dans les touffes
D'aigus qui effilent nuitamment les buissons.
Comme la luciole rêve toujours de maintenir
Une lueur suffisamment persistante
Pour entrer en dialogue avec les anges.

Et va, et vient le langage,
En ratissant ce qui vient de naître.
En laissant brasiller ce que mendie le cœur
Dans le foyer secret,
Jusque dans les sons indicibles
De l'opale et du saphir.

DÉPLIEMENT

Par froidure, l'air fourmille
De parcelles lumineuses qu'aspirent les pensées
Des êtres en quête d'embrasement.
Vif détour
À travers l'atmosphère blanche,
Pour mieux raffermir
Les angles de l'aile, et se laisser entraîner
Par les vents d'altitude.

Errance possible dans une solitude
Semblable à celle des grands oiseaux
Qui acceptent les longs parcours.
Étendue qu'envahissent
Les rayons les plus rares et les plus subtils,
Tels des chants de pierreries,
Des brillances, des sonorités de bourdon
Élargissant l'élan des beffrois,
Pour mieux se laisser bleuir.

Un pareil périple est fugace.
Éphémère comme un calice
Essayant de resserrer ses sépales.
Semblable au reflet qui glisse sur les branches.
Aux bruits qu'émettent les insectes
Amoureux, invisibles dans les bosquets,
Alors que le soir s'harmonise
Avec les traînées mauves.

À nouveau je recherche les mots
D'autrefois, d'avant l'histoire,
Qu'en joie s'échangeaient les muses.
Car tout s'accompagne de la magnificence
Des hauts vitraux
Que traverse le désir.
Larges filtres de saphirs et de rubis qui colorent
Ce que j'ai aimé,
Ce que je pense ardemment
Depuis la pierre.

Tout comme s'assemblent des souvenirs,
Des moments intimes de montagne,
Des brisants de mer,
Des immobilités vaporeuses,
Dans le glacis des maîtres de la toile.
Et s'élancent des arias de Bach
Qui laissent planer leurs notes lentes
Pour mieux porter le temps,
Nous entraîner dans leur sillage.

Voici que glisse un astre à l'horizon,
Alors que la mort nous chuchote
D'étonnantes somptuosités,
Entrouvre des allées de lumière incomparable.

PORTIQUES

Là-haut, au-dessus des rassemblements
D'oiseaux et de nuages, au-delà du vide,
Se forment les appels
Droitement au travers de la nuit inaltérable.

Ainsi s'allègent les paroles
De celui qui se rapproche des portiques
Invisibles du monde.
Comme un oiseau du froid
Prend flamme,
Et une musique blanche
Monte de l'âme.

Il semble que plusieurs préludes
Du *Clavier bien tempéré,*
Quelques sursauts de Schubert
Prennent en nous les mêmes pistes.
De même que certains regards
De braise de Rembrandt.
Et tout l'arroi des vocables
Accompagnant la voix des troubadours.

Ah! comment toujours nous servir
De ce qui se détourne du mesurable,
En s'illuminant,
Scrute le sacré,
Maîtrise l'émoi
Suscité par le prodigieux qui se propage
Jusque dans le verbe.

Et nous réjouir de la simple beauté,
En apparence évanescente,
Comme une poussière de cristaux
Se dissémine dans l'air.
Et nous étonner de l'expansion
Des longues ombres
Sur la neige en ivresse.
De la joie effleurant
Les faîtes des arbres.

Tout l'invisible, à chaque lever du matin,
Rassemble tant de jubilations muettes.
Ne serait-ce que pour faire contrepoids
Aux bêtises qui crépitent, aux horreurs,
Aux impostures, aux cataclysmes de planète,
Aux infortunes qui s'incrustent dans la vie,
L'amour, la mémoire.

Tous fragments inimaginables
De l'aujourd'hui, bien captés,
Nous désorientent.
Nous acculent à la démesure.

Blessure ancienne.
Nostalgie incandescente
Du commencement.
Parfois nous éblouissant,
Parfois nous troublant.

Effroi croissant devant ce qui se referme,
Trop souvent dans la mort,
Dans les jours, dans les actes
Qui froidement
Déjà nous emmurent.

ÉMERVEILLEMENT

Et je vais ici, là-bas
Avec un être en crue.
Avec des débordements tournés
Vers ce qui survient en orient,
Bien que tout semble parfois me désoler,
Avec une pensée qui se consume,
Et que j'approche, sans abois,
Du dernier soir.

Ah! il me manque d'ailes agiles
Et d'accompagnement pour terminer le parcours.
Et de souffle pour me concentrer sur la louange,
Volute qui s'essore dans l'illumination,
Parmi les oiseaux ivres d'azur.

Ah! comme les arbres faseillent dans l'air!
Le froid parcourt
Les brasiers de glace,
Ainsi que le cours des chants
Rudoyés par la nuit.
Et le silence, comme en perdition,
Se mesure au vide,
Au paysage sans rives.

Tandis que l'esprit,
Pour mûrir, est pressé par la masse
Noire du monde ou par le jour qui ruisselle;
Et que l'angoisse doit se laisser
Dépouiller des anciennes ténèbres,
Tout en douceur, pour ne rien dévaster.

Comment une telle purification
Passerait-elle inaperçue ?
Lorsqu'une pareille présence,
Ô lever de vie,
Inonde tout de clarté. Et que tout est signe,
Préfigure le vrai lieu du natal.
Même sur un sol où nos pieds piétinent,
Et se succèdent nos résistances.

Certes, mais pour mieux nous abandonner
À l'alchimie raffinée qui transmute
En nous les songes de naguère,
Les trésors de l'enfance
Clairement tracés comme des sentiers
Dans les souvenirs.
Et tous les indices du corps :
Ce qui doit être remodelé
Pour que la forme à venir
Résiste au choc de sa naissance.

Voilà une autre leçon de métamorphose
Et de compassion
Que le grand matin,
À peine émergé des étoiles,
Nous donne, non par miroir,
Non par miroitements de l'or,
Mais par voix multiples dans l'espace.
Atténuant l'emprise du temps
Par fines parcelles de splendeur volante,
Pour mieux nous épargner le vertige.

Parfois, la paix s'élargit
Sur l'épaule comme une aube se pose.
Parfaite. Sans surcroît d'ombres.
Malgré quelques bourrasques au loin.
Et renforce ce qui maintient vives les images
De beauté, ce qui s'est déversé magnifiquement
En nous, même avec les larmes,
Comme avec les fragments,
Les sons, les nuances d'intemporel,
Avec tout ce qui peut évoquer l'inabordable.

Aussi, les paupières, toujours ouvertes,
Luttent pour l'éveil, le plein regard lucide.
Et la prière puissante nettoie les cendres
Des anciens feux,
Cajole les plaintes des blessures
Encor béantes,
Tout en ravivant
Ce qui peut flamboyer d'élans
Et maintenir prochaines
Les merveilles.

SOUS LE BLEU

Comment survivre
Vertical sous le bleu, dans l'angle ouvert,
Lorsque les peines
En nous travaillent en rafales !
Comment continuer de respirer
Dans les déserts froids ou brûlants,
Sur des chemins saturés de ronces
Et de sécheresse !
Et partir, avancer sans horizon,
Sans oiseaux qui nous guident,
Sans odeurs de prés.

Il en faut peu pour que le désespoir
Grince sur ses gonds, ferme en lui
La grande avenue que le soleil dessine.
Mais peu aussi pour que l'errant mûrisse,
Ouvre sa vision, son espérance,
Libère ses flammes,
Comme on ouvre toutes les fenêtres
À deux battants d'un pavillon sur la côte.

Ainsi tout s'élargit paisiblement,
Comme une mer se calme,
En accueillant tant la brillance
Qui dévore l'écume,
Que les tournois des fous de Bassan
Émerveillés qui fulgurent, crépitent
En sortant des ombres et des falaises.

Même la souffrance a ses énigmes,
Ses réminiscences de l'origine,
De la prime lumière,
De la promesse,
De la vie qui imprégnait les torrents.
Et ses voix prophétiques
Chargées de bonheur
Qui atteignent lentement les faîtes,
Les champs d'herbe et les yeux des adorants
Pour mieux ravir leurs éclats.

Mais une telle tâche
Demande une souffrance
Qui n'est pas enfouie dans l'âcreté,
Étouffée par la fermeture.
Ni trop prompte à brusquer
Ce qui l'approche.
Ni ne s'en remet
Aux sirènes trompeuses.

Une souffrance qui sait forger
Ses mots, son propre langage
Avec le cri, avec le silence,
Avec le sang vif.
Et prendre la mesure entière de l'être,
De son poids sur la nuque,
De sa déchirure, de la gravité
Chargée de ses larmes.

Même la détresse parvient, de la sorte,
À retrouver son équilibre,
À épurer sa manière de parfaire
Le cœur, en le taillant par éclats,
Ainsi qu'on ouvrage un diamant rare,
Au risque qu'un simple coup
Malhabile de ciseau
Puisse le cliver.

MÉMOIRE

Maintenant, même dans la désolation,
Je ne vise qu'un labeur unique :
Prendre de plein désir la montagne.
Dans un travail de langage
Hors des heures,
Avec des yeux bien retournés,
Qui ne perçoivent que les éclats,
Les murmures
De la matière imprégnée de jour.
Et surtout, je m'efforce
De ne pas me leurrer moi-même
Avec de fausses découvertes,
Ni de me tromper d'espace.

C'est au cœur de l'intemporel
Que je m'en remets à la gardienne,
À cette flamme qui brûle sur le sommet de l'intime.
Comme à la sonorité discrète de la terre.
Au pressentiment,
Lorsque je sais bien m'orienter vers les rumeurs,
Vers l'horizon qui s'élargit.

Sinon je me perds pesamment
Sous les débris de nuits sans balises.
Et mes projets s'atrophient,
Mes chemins s'entrecroisent
Dès qu'ils ne sont plus verticaux.
À la façon de ces arbres
Bien ouverts,
Qui libèrent, dirigent les oiseaux.

Et je taille des formes
Comme un sculpteur.
Je cisèle un granit gris
Qui s'anime
Avec des grains de vitrain,
Pierre que l'on polit
Dans la ferveur
Des signes qui émergent,
Des regards qui s'embrasent.

Ou je saisis les nuances des étoiles
Lorsque le ciel atteint sa vraie transparence,
Le plus souvent invisible pour nous,
Mais retrouvée, transmutée seulement
Lorsque je reviens de l'abîme.
Comme si je peignais avec une mémoire
Jamais tout à fait engouffrée dans les âges.
Toujours présente, rayonnante,
Sans fêlures, sans fragments,
Et qui jamais n'a quitté le lieu
De l'inoubliable, où la gloire
Se métamorphose.

Peindre, sculpter, écrire,
Mais pour saisir l'immense,
Penser avec plénitude.
Avec des mots à l'affût,
Avec des sons, des teintes qui peuvent
Se nourrir profond dans l'ailleurs,
Descendre comme des sondes
Provenant de l'éternel
Vers les figures qui s'illuminent
Même dans le malheur.

Enfin, il faut tout reprendre dans l'ascension,
Pour que pierres, couleurs et mots
Se recolorent et résonnent,
Se regroupent sur la moindre piste
De l'aube, dans la croissance du soleil.
Et que tout retentisse et fulgure avec le matin,
Dans les moments les plus ineffables
De silence,
Les élans d'exultation et de clarté.

KALÉIDOSCOPE

Murs gris ocre craquelés,
Façades de l'ailleurs,
Statues dégelantes :
Matières de Venise…
Ainsi au cœur des instants tout se condense,
Se désagrège.
Et le regard, rendu opaque, piétine
Pour ne pas trop se perdre.

D'autant ! lorsque le langage
Ne réussit plus à broyer le bleu,
À le pulvériser
Sur les figures en attente.
Ni à dégager en lui
Le souffle subtil qui touche
À la blancheur, aux tombeaux.

Une vie doit apprendre à se prodiguer,
Avant que sa vraie place
Ne soit confirmée,
Profond dans l'espace,
Où elle doit entamer son élan.
Choisir la voie des vrais flambeaux.
Dans l'attraction où l'être frémit
De voyance.

Alors seulement pouvons-nous relire,
Comme des prophéties,
Les images les plus anciennes
De la perte et de l'expulsion,
Qui jadis nous parlaient
D'une ouverture verticale,
À peine entrevue.
Et pouvons-nous entendre,
Avec nos espoirs,
Malgré nos failles,
L'étonnante cristallerie
Des grandes musiques qui viennent.

Ainsi, dans l'immobilité parfaite,
Nous côtoyons l'inapprochable.
Nous faisons face
À la dureté d'un mal en nous
Entremêlé de colibris
Et de coquelicots ;
À ce qui provoque les calamités
De la mer, cendre trop hâtivement
Les yeux des enfants.

De même, d'âge en âge
Continue à se relayer
La grande promesse d'harmonie
Du futur, du royaume des arpèges,
Comme les indices d'intemporel
Pressentis dès l'origine,
Dès la première beauté du langage…
Alors que Yahvé racontait ce qui allait advenir,
Ce qui illuminerait l'homme, ce qui abonderait
De magnificence, et comment l'immensité
Aveuglante s'emparerait de lui,
Lorsque le ciel serait vraiment à portée de terre.

Même si, encor maintenant,
Nous émergeons lourdement du vivant,
Des mondes embrouillés d'obscur.
Avec tant de réminiscences du malheur
Et de sacrifices sur la pierre, de formes
Miraculeusement dessinées,
Si vite délavées,
Avec tant d'or ensablé,
Qui n'avait pas fini de surprendre.

Des cauchemars nous encagent,
Nous maintiennent dans l'effroi.
L'esprit s'effondre
Parmi des palais en ruine,
Tremble en approchant des charniers.

Que d'ardeur pour surprendre
Le défaut précis au flanc
De la mort qui s'approche,
Obstrue l'espoir
De ceux qui se sont redressés émerveillés,
Dans l'exultation du levant !

Tout s'assemble peu à peu,
Se renforce comme des chaînons du temps.
Tout nourrit l'effort pensif, rêvé, de franchir
L'infranchissable, de sertir en nous
Des mots aveuglants.
De libérer l'allégresse,
Dans le mystère
Comme dans la transparence,
Avec des regains d'accueil et d'ascension.

PHASES

Par les heures, dans la mémoire
Où tout s'entasse, tout s'entrelace,
Au sommet inaccessible,
Où sont préservés nos souvenirs
Les plus bouleversants,
Irradiant d'images étincelantes,
De larges paysages se blottissent contre la mer :
Ce qui est en cours de mûrissement
Nous élargit...

Il en est ainsi
Lorsque l'épouvante s'apaise,
S'éloigne de l'opalin délicat,
Et que l'être se renforce, en ascète ardent,
Pour continuer sa tâche :
Modeler l'intemporel en lui.
Il en est ainsi
Dès que le cœur adapte ses battements
Aux merveilles qui luisent
Même sur les pétales.

Façon discrète de ne pas être solitaire,
Parmi des figures appelantes,
Seul une autre fois sous le terrifiant
Qui peut tomber dru à nouveau,
En pleine histoire où tout nous est étranger.
Comme si des phases du grand œuvre des jours
Simultanément se revêtaient de ténèbres,
Proposaient de multiples aspects
De nos dérives.

Il est plus que nécessaire
De garder une distance avec la démesure
Des épreuves, ici et là,
Dans le langage,
Qui nous anéantissent, préparent
Les avalanches, les éboulis,
De façon que tout se précipite
Hâtivement vers sa fin.

Aussi, quelquefois,
Nous acceptons la neige avec jubilation,
Une neige qui nous recouvre enfin,
Pour que les flocons scintillent,
Et ce qui peut irradier
Dans un choral de cristaux,
Dans nos projets de vivre.
Tout pour bien détendre ce qui nous enserre,
Ne pas affaiblir le mouvement.
Et ne pas se contenter
D'exaltations intermittentes.

Trop souvent les mots mêmes,
Que la vie convoie en nous,
Sont déjà informes, se perdent
En clameurs. Et le vivant entrevu
Aurait pris des teintes
Terreuses d'agonie,
N'eût été de la contemplation planante
S'élevant du matin,
Et de ce qui en nous s'efforce de contourner
Des adversités à peine pressenties.
Allant haut
Dans l'immense…
Peut-être jusqu'à la prochaine frayeur.

PAR LA LUNE

La lune va blanche et mate,
Cotonnée pour mieux feutrer
Ceux qui changent
De monde avec leur détresse,
Avec leurs images débridées de cauchemars,
Avec leur charge d'images et d'appels.

Lune bien présente,
Trop accablante quelquefois,
S'agrippant aux branches des arbres,
Accueillant, comme une fosse,
Les rêveries épuisées, les rumeurs
Traînantes au ras de l'être
Que les jours débilitent.

Face à l'agonie des paroles
Et des éblouissements,
Un malaise en nous éclate,
Presque de l'effroi,
Atteint vite le regard,
Chavire la conscience.
Nous ne sommes jamais prêts
À supporter l'absence
De clarté, tout alentour,
Au seuil même des portiques
Où se décomposent les musiques.

Et la lune nous oppresse, renvoie
Des pensées à fuir
Dès que la veille commence.
Mire ce qui en nous a basculé,
S'est saturé de mal par trop de failles.

La lune n'est jamais si blanche,
Si parfait miroir,
Que lorsque la mort est proche,
Et que les ombres des compagnons
D'Ulysse sollicitent sa blancheur.
Et que s'élèvent tant d'appels de morts
Semblables à des flambeaux
Qui s'éteignent par manque d'air et d'horizon,
S'ensablent dans le silence.
Et que rien, ni le solaire ni la foudre,
Ne parviendrait à éveiller les gisants
Au fond des grottes, des sous-bois,
Dans l'immensité des déserts.

Pareille plénitude oubliée, à nouveau entrevue,
Ne se profile qu'avec le regain des réveils,
Lorsque notre supplication rejoint les cimes.
Et que nous avançons parmi les illuminations
– Alors que les anges nous frôlent
Avec leurs ailes muettes –,
Toujours en quête de grands cuivres,
Et d'espace où tout peut résonner,
Dans une clarté sans défaillance.

EN CE FOYER

Il me faut rassembler
Les présences désirables.
Attentif à la prime flamme
Qui viendra flamber le fond de l'âme.
Alors pourra se purifier ce qui relève
De l'intemporel…
À moins que tout ne s'achève en cendres,
Ce que le temps malmène et dissout.

À l'intérieur, en ce haut foyer de midi,
S'abolissent les ombres,
Les signes de ce qui fait obstacle
À l'infini,
De ce qui bientôt ira se consumer
Dans le couchant.

Il me semble que je m'égare
Dans un espace de vignes
Que dévore le soleil.
Parmi des ceps calcinés.
Et que j'entreprends une étape de patience,
Avec des souvenirs mal greffés,
Fiévreux, trop acides,
Qui rongent les dernières images de l'enfance.

Je suis si souvent courbé
Sous un travail qui peut me durcir,
S'attaquer aux ailes,
Arracher des vrilles sans fruits,
Sans mots gorgés de tendresse,
Comme ceux du commencement,
Alors que la parole se formait
Pour la louange naissante.

Ne s'agirait-il pas d'une vie secrète
Sous le malheur,
Au milieu d'effrois
Qui écument, s'en prennent
À ce qui modèle avec peine ma forme d'être ?
Ou visent d'abord mon équilibre,
Ce qui s'agrippe à l'axe vertical,
S'en remet à l'attirance du jour.

Le plus souvent je suis
Très près de l'éblouissement,
Dans un intérieur protégé
Par le clair du cœur,
Face à des vitraux givrés,
Comme oublié
Dans une chapelle des Alpes,
Silencieuse, enténébrée, parmi les glaces
Et les étincellements.

Ne suis-je pas désormais travaillé
Par tout ce qui me dépouille ?
Me rend attentif aux altitudes,
Aux musiques des hymnes ascendantes,
Semblables aux oiseaux qui migrent
Haut devant moi, tracent leur direction
Avec des fragments de bleu au bec ?

TEMPÊTE

Qui ne s'est heurté subitement
À la fin brutale d'une fête à peine entraperçue?
Comme un vide se met à bruire,
Emmure les éclats du parcours
Au fond de l'oubli?

Et vacillants et reclus,
Nous mesurons avec peine la vie qui va
(Comme une clepsydre le fait),
Et le sang qui s'écoule,
Emportant des restes de bonheur,
Les rutilances
Des anciens gestes d'amour.

Ce sont des moments de ravage,
Appesantis de glace, déréglés
Par des embâcles,
Avec le risque prochain que tant de souffrances
Accumulées remontent en crues après le dégel.

Nous ne sommes jamais bien préparés
Lorsque tout s'emmêle de la sorte.
Et que tout retentit de bruits sombres,
De menaces, s'enlise au creux du désert,
Si loin des fontaines.

Surtout si les mots
N'ouvrent plus la voie de l'espace
Mais celle du malheur.
Et perdent leur lien avec l'origine, s'affaiblissent.
Ne savent plus ranimer le chant,
Lorsque toutes douleurs nous drossent,
Comme une barque vide,
Vers les falaises, les grottes, le silence.

L'âme se tient soumise en apparence,
Mais raidie contre l'effroi.
Toujours largement désirante
Des étendues de mer.

Ou s'attarde sur la margelle,
Attendant le visiteur divin.
Tournée vers des visages ouverts,
Des sourires éclatants,
À fins reflets de blé,
Dans l'abondance des gazouillements
Qui brillantent les faîtes nus.

Vigilante, sensible au seul tumulte du lever,
Là-bas, à la limite des pans grisâtres,
D'où va venir le soleil.

Une espérance appelant les musiques
Plus subtiles qu'harmonisent les anges.
Façon indicible de s'adapter
Aux mésanges, aux féviers, à la rivière,
À tout ce qui se tient si proche, si familier,
Pour que s'instaure à jamais une clarté nouvelle.

COMME UN CONVIVE

À Robbert Fortin.

Je m'abîme dans la vastitude
La plus silencieuse, comme tout suppliant,
Sans assurance, sans mélancolie,
Mais avec un regard aigu,
Accordé à la seule verticalité du bleu.

Peut-être bien que je m'envase
Dans un cauchemar d'aveugle.
Dans un territoire se déroulant
Sous la seule pression des mots
Qui ont contourné des murs, des marais,
Ou qui ont rejeté le chemin paisible
Au milieu des prés ronronnants,
Presque bruissants d'arômes et de tiédeurs.

Mais tout voyage n'abolit guère les pâleurs
Des morts diverses en moi si mal ensevelies.
Les mirages des petits enfers,
Des affirmations chatoyantes
Qui s'ingénient à m'ensorceler.
Ni les hautes stridences,
Tout à fait étrangères,
Qui tendent leur arc, me visent.
Pas plus que les sarcasmes qui me pourchassent,
Déposent leurs grains de sable,
Pour rendre l'envol impraticable.

L'immense non plus ne fait pas de quartier.
Il faut longtemps se préparer
À la démesure du parcours.
Apprendre à s'essorer comme l'oiselet,
En se jetant du haut des falaises.
Aller vers l'écume sans craindre
La brûlure du sel. Les remous.
Les vertiges. Et prendre pour jalons,
Malgré les risques d'aveuglement,
Les seuls tournants intenses du soleil.

Il faut partir comme un convive.
D'abord vers l'horizon, vers le seuil
Étroit entre terre et ciel.
Vers la sente où la lumière a déposé
Sa première offrande,
Fine dans l'impalpable,
Sans ombrages pour l'amoindrir.
Ou vers les jeux de branchages
Gracieusement tracés sur les glaces.

Et d'abord là où la supplication
A laissé son empreinte.
Passant des douleurs
Aux louanges, des désespoirs,
Des suffocations aux élans vermeils.
Là où quelques paroles inaudibles
Reviennent du fond des âges,
Pour susciter les vrais pressentiments.

Et ce qui peut sembler stérile
– Pure contemplation de miroir,
Déracinement de l'esprit –
Propose le même bonheur
Qu'une simple lueur sur la pierre,
Ou qu'un trille impeccable,
Argenté, qui s'élève d'un coup d'aile.

Ainsi, au contour de la pénombre
Touffue des arbustes,
Se mettent à frémir des branches,
S'élargit la corolle.
À la façon du jour qui lave
Les ensevelissements imaginaires,
Les angoisses de la nuit.

AU RETOUR

Ne plus s'en remettre au sol,
Parmi les herbes, les pousses,
Que pour mieux repartir,
Sans se laisser piéger par la bourbe,
En évitant les marais, les précipices.
Mais s'initier à l'espace,
Même le plus fruste,
Pour mieux façonner sa propre légèreté.

Au moment inattendu,
Lors du soleil fracassant du levant,
Et peut-être bien au bout
D'un chemin de traverse,
En valleuse,
Soudainement nous foudroiera la vision
De l'altitude… au-dessus de la mer.

Certes…
Si l'attirance d'un bleu incontestable
Nous a d'abord soulevés.
Car même l'aile ne prend sa force matinale
Que si le mouvement a bien survécu
Aux affres du dehors.
Comme aux effondrements du cœur,
Aux exhortations du néant.
Il faut peu de tempêtes
Pour vraiment s'immobiliser,
Se mettre à tournoyer,
Et perdre la dimension,
Le sens même des points cardinaux.

Comment, dès lors, au premier envol,
Surmonter en nous l'usure,
Apprivoiser la défaillance,
Alors que nous survolons
L'immense,
Sans rester greffés sur le mémorable,
Sur ce que nous avons déjà si péniblement
Exploré dans les âges?

On ne réussit guère
Qu'à revenir sur soi-même
Au long de jours interminables,
En se lissant bien près de l'âtre,
Loin des peurs craquantes,
Des éclats divins qui peuvent tout mettre à nu.
En prenant doucement la mesure
De ce qui rassure les pas.
En dorlotant même la mort
Qui commence à poindre.

Nous nous portons spontanément
Vers les séquoias, vers l'emphase des ombres.
Tout peut devenir
Une grande leçon de veille
Et d'immobilité calme, de patience,
Lorsque le rayonnement lointain des massifs
N'a pas encor fait vaciller l'âme,
Ni alerter les hautes folies lumineuses
Tapies en nous.

S'emparer du lever d'un simple regard,
Accepter d'être une vigie,
N'est guère possible sans que l'angoisse
Nous ait rudement égrisés.
Ni sans que nous ayons soutenu
L'effort constant
De partir par les pics.
Ni même sans une accoutumance à l'étrangeté
Des formes inconnues alentour,
À l'accélération du voyage.

Tout peut se réduire
À une question de mutité,
Dès que la musique du monde
Ne parvient plus à nous éveiller,
Ni les grands souffles clairs du jour
À nous imprégner,
Alors que les couleurs commencent
À se fondre dans la grisaille,
Se dispersent dans les marigots,
Sur la mousse.

Tout est une question de survie…
Même la simple aptitude à se fixer
Au fond des angles,
Sur ses gardes,
D'où l'on peut tout épier :
Les embûches de la terre,
Comme les sifflements de ce qui rampe.

Ainsi quitter brusquement l'ailleurs
Entraîne des malaises de mémoire et de corps,
Des risques de furie soudaine,
D'assèchement du regard...
Nous sommes acculés à la pensée somnolente,
Nous perdons la magie
D'enluminer les heures,
De susciter l'admirable,
Comme le fait spontanément tout enfant.

PANS DE NUIT

À Rita.

Trop souvent l'intérieur de l'être
Paraît vide telle une demeure déserte
Sur le surplomb d'une falaise,
Et grandement ouverte aux bourrasques,
Aux ténèbres.
Le vivant à peine y respire,
Comme enseveli sous tant d'événements,
De morts, de refus, d'aveuglements,
Qui l'ont façonné.

Et pourtant, au-dessus, tout se garde bleu,
En véritable espace du verbe,
Creuset de vocables d'où irradient
Les éclats de sens, les pures musiques
Encor scintillantes.

Je ne vois plus guère ces durs regards
Qui m'assaillaient par rafales,
À la croisée des rencontres.
Ni ne ressens les souffrances
Violemment déséquilibrantes de détresse.

Et je préfère délaisser les places,
Les carrefours pour le désert.
Je me referme sur l'âpreté,
Afin de mieux éprouver la pensée,
Protéger les lueurs qui surgissent
Des tendresses de l'enfance,
Telles des pousses vertes dans les prés.
Et ne pas m'abandonner
À toutes misères,
Ni me colleter avec trop de monstres.

Une grande part de l'humain en moi
Ne s'est guère dépouillée de sa méfiance,
N'a quitté sa grotte ni son mutisme.
Je préfère m'accrocher aux raccourcis,
Aux forêts opaques qui résistent aux moindres rais.
Ou je fais halte près des torrents
Là où les bruits se mêlent
Aux pensées à peine perceptibles.

Non sans alertes
Qui me secouent, révèlent mes chimères
En dévoilant mon intimité.
Comme un rappel soudain, retentissant du réel.
Encor me faut-il parvenir
À préserver le faîte en moi,
Le garder paisible, neigeux en altitude.
Et que le soleil y puisse renaître.
Que les oiseaux des hauts fonds
Y prennent leur essor.

Là seulement la lumière retrouve
Une puissance véritable.
Et parvient à recouvrir les blessures
Avec sa poussière d'or,
Avec ses mots naissants;
Parvient à me remettre en mouvement,
Malgré les sables mouvants, le tumulte
Que je dois affronter,
Et les grands pans de nuit qui tournoient,
Me survolent comme des vautours.

VUE DE DELFT

À *Madeleine Dalphond-Guiral.*

Je reste en éveil auprès du buisson,
En appelant le *mot neuf, total* qui peut l'embraser.

Site du dernier recours,
Tout en haut, sur le contour de l'âme,
Alors que les paysages se sont presque éteints
Avec la nuit, avec le glacial,
Et que le ciel a repris
Son épaisseur cendreuse.

Pratique du cœur
Qui se met à parler comme une blessure,
Signe d'un mal
Qui n'agit que rarement à découvert...

Ce matin, les corneilles mêmes
Avaient déserté les branchages.
Tout, alentour, était demeuré opaque.
Et la splendeur, feutrée comme une musique
Qui s'accomplit dans le silence.

Comment tenir le regard
Fixé sur l'horizon, comme si un autre soleil
Minuscule, à hauteur d'enfant,
Pouvait advenir
Sur le premier sentier venu.
Par-delà l'affaissement des merveilles.
Alors qu'un son de cloche
Prend possession de l'air, sonne
À travers les songes, mais n'émeut guère
Celui qui n'est pas entré dans le jour.

L'atmosphère est basse,
Comme celle d'une clarté fuyante,
Et empêtrée dans les ombres.
Tout nous a déjà suffisamment alourdis.
On dirait une longue veille dans un mouroir,
Un dialogue avec le minéral,
Ou peut-être bien, miraculeusement,
Encor imperceptible,
Un nouveau langage
Qui façonne les éclats
Des vocables.

En ces heures agoniques,
Et avant de retrouver l'espace coutumier
Du levant, des bruissements, de la rivière,
Je recompose les souvenirs
Les plus prégnants,
Avec la mémoire des seuls tableaux
Hors du temps, à peine sortis d'une perle.

Vue de Delft
À présence suave de soleil,
Malgré les nuées denses.
Avec des abîmes de murs,
De larges reflets de charbon ocrés dans l'eau.
Et des grains de gemmes
À feux sourds dans les présences
Des pierres, des barques, des tours.

Enfin le matin se lève à nouveau,
Mais depuis l'intérieur, dans l'accord
De tous les oiseaux, de tous les appels
Qui retrouvent leur résonance.

Visages de Delft

À *Charles-Antoine Fréchette.*

L'invisible seul
Se souvient des vraies présences,
Des lueurs affaiblies
Qui sèchent avec les larmes.
Tout se disperse avec trop de hâte
Dans le crépuscule,
Qui n'a pas résonné,
N'a pas offert sa flamme,
Ne s'est pas mesuré aux cimes.

Et lorsque plus rien ne brasille,
L'inquiétude affleure en nous,
Tant que la pointe première
D'un rayon ne s'est pas dirigée
Vers le cœur,
Où tout apprend à survivre.

Il en est ainsi de nos images secrètes,
De nos horizons,
Des immensités bleues offertes à l'œil.
Et de l'intemporel reflété dans l'eau
Ombrée de Delft.

Seul l'accord des infinis et des hommes
Relie les siècles, repousse les limites
De toutes formes consommées en élévation.
Peut imaginer un autre bleu.

Quelle lyre ne faut-il
Pour faire vibrer l'orient dans les mots,
Les ciseler comme Orphée sur sa barque
Et Dante dans ses abîmes ?

Et quel œil ! pour sertir
Une seule parcelle d'éclat dans une miche,
Que certain pinceau a parfaitement pétrie ?
Un seul paysage, un vieux meuble craquelé
Dans le verre d'une lampe,
Dans la nacre d'une perle.
Et le regard
D'une jeune fille qui rêve,
Avec des éclairs de tendresse,
Une fermeté sereine
Qui dévisage le monde.

Le langage s'abandonne ainsi aux sonorités,
Comme les couleurs aux grains de sable,
Aux nervures des ailes
D'un papillon dans le soleil ;
Aussi bien qu'aux murs vieillis,
Aux patines des pierres,
Au brisant ruisselant qui émerge de la mer.

Et malgré tout, nous ne quittons guère
Les parages des ombres
Et de ce qui s'est tu,
Ni le souffle qui essaie
De retrouver un peu de fraîcheur des forêts.

De la sorte,
Nous libérons en plein jour
Toutes merveilles cueillies sur les chemins,
Sur les versants,
Comme nous préservons
Des galets d'or sur les franges de l'œil,
Pour les grands jeux avec la marée.
Toujours attentifs aux musiques,
Aux visages qui nous reviennent,
Mais depuis quel souvenir?
Quelle souffrance?
Quelle mort?

RÉVEIL

À Chantal Barsetti.

Certains jours, sans horizon
Apparent,
L'être divague, et rôde
Près des ronces du chemin.
Comme si un fragment des âges basculait.
Que sa vie, une autre fois,
S'allongeait très pauvre sur une dalle nue,
Pour mieux refléter enfin l'unique
Infinitude azurée.
Car déjà, au loin,
Le soleil affine son parcours.

Il est difficile de souffrir,
Si tôt le matin, et de ramasser en soi
Ce qui est trouble, ce qui a survécu
Aux cauchemars.
De recommencer
Son œuvre d'allégement,
Tout contre la fraîcheur du monde.

De faire avec le cœur
Le grand effort de tourner
Autour d'un sourire,
Pour que tout se raccorde aux arbres,
Bruisse avec la rivière.
Que tout s'abandonne
Au ramage des merles.

Il n'est guère plus simple de retrouver
En soi le jardin des carrés étincelants
Et des allées en roue solaire
Tournées comme les désirs
Vers la fontaine.
Tant de nuées semblables à des étoffes élimées
Nous enveloppent,
Alors que planent, tournoient
De grands rapaces.
Tant de maux de la ville prédominent,
Ainsi que des ombres se répandent,
Amatissent déjà l'à venir.
Tout peut dévaster le végétal,
Éteindre les couleurs
Les plus écarlates.

Mais la nuit de nouveau se précipite
Avec ses effrois, ses heures qui s'effritent,
Comme tombe dru la grêle.
Ah! il sera très éprouvant
De maintenir à nouveau le corps
Au plein du matin,
Seul lieu favorable à la veille
Constante.
Ou là-haut sur la montagne,
Dès que s'annonce le soleil.
Ne faut-il d'abord réapprendre
Chaque jour à mourir en soi,
Dans le grand espace illuminant?

LES VRAIS ASTRES

Si nous poursuivions une errance
Suffisamment légère,
Nous capterions les ombres adoucissantes
Des oiseaux qui nous contournent
En planant.

La mer, ce matin-là,
Avait un lisse de marbre.
Tout en elle attendait le faste
Levant qui éveillerait sa vastitude,
L'ouvert d'un moment d'océan
Soulevé par le jour.
Les flambées des fous de Bassan.

Mais nous étions demeurés trop sensibles
Aux agissements des blessures,
À ce qui s'accordait
Avec le diapason des détresses en nous.
Subjugués par l'immense nécropole
Où se retire le soleil,
Par le déploiement de la nuit
Qui dérobe tout ce qui se révèle.

Aussi les plaintes prennent-elles
Parfois leur mesure,
S'aggravent, s'apaisent selon leur cadence,
Selon la musique propre au seul cœur
Qui sait compatir.
Ou deviennent elles-mêmes brutales d'excès,
Éclaboussant tout.

Comment entendre alors,
Pareillement perdus dans le tintamarre,
Les interludes ciselés de la mort en nous
– À moins que celle-ci ne gronde ne s'agite.
Et le désastre qui nous violente
À coups de rappels,
Même au ras de l'herbe,
Lorsque l'esprit, dans sa quiétude,
S'est abandonné à la transparence
D'opale bleutée qui tient la terre
Dans sa gloire?

Le temps du mourir est pourtant prochain,
Dissimulé parmi les heurs, les malheurs,
Sans secousses, s'approchant
Discrètement d'un granit
Flamboyant de noir et de blanc.
Comme un faisceau d'angoisse soudain
Déchire les songes,
En plein sourire, en pleine ivresse.

Ah! la mort a déjà marqué le contour
Imperceptible de notre limite,
Dénombré jusqu'au fond du corps
Les premiers halètements du matin,
Refoulé, dans un fracas sans merci,
Les réminiscences des suavités anciennes
Qui irradiaient encor de la bien-aimée.

Mais ne demeurons-nous pas,
À jamais, chacun de nous,
Une planète prise dans les heures,
Les souvenirs, les angoisses, les rêves,
Comme alourdie d'amours blessées,
De refus, d'inachèvements?
Et qui vague, tourne parfois sans repères,
Tenue par le seul soleil?
Avons-nous une autre façon
De partir, d'entrer dans le concert du monde,
Qu'en élevant le regard
Vers l'unique rivage sans fin?

ÉVÉNEMENT

La grisaille constante,
Que rabâchent les arbres
Dénués d'oiseaux,
Abrase le cœur qui veille
Sur les pics.
Alors que l'espérance paraît exfoliée
Par sécheresse,
Profusion de mots désespérés,
Sans autre cible.
Par souffrance du corps comprimé
Dans sa forme,
Sans langage.

Et alors que le matin flétri
N'absorbe que des lueurs cendreuses,
Le regard semble dépossédé, presque tari,
Orphelin au sommet du jour.
Vigie vacillante à portée d'infini,
Dans le mûrissement patient,
Affiné du prochain voyage,
Tout en travail d'appels
Et d'allégement...

Partout,
Il fait si pesamment nuit.

Plus bas, sans gazouillements,
Battements d'ailes, tout est muet.
Les ports sont déserts.
Rien n'est prêt à entrouvrir le seuil
Des merveilles.
Tout est pris dans la torpeur,
Dans la désolation,
Qui n'accède plus au chant;
Dans la précipitation de la main qui perd
La trace de l'arabesque,
Tandis que la mort
Froidement resserre son emprise.

Seule la passion peut déraciner les mélancolies,
Ébranler à nouveau la parole,
La faire chavirer au-dessus du monde,
Replacer l'horizon sur la ligne de l'éveil.
Même si maintenant les ténèbres
Sont nues, sans lune, sans étoiles,
Et que la terre gravite autour
De son propre silence.

Car l'âme discrètement orante
Prépare à nouveau son ascension,
Non sans une mémoire douloureuse
De l'absence. Sans angoisse.
Mais avec la prémonition
Que les nues là-bas
Déjà se dissipent
Sous une clarté dévorante,
Sans récifs camouflés…
Car bientôt tout va être ébloui, consumé.
Et nul ne pourra se raidir
Contre pareil événement…

LÉTHARGIE

Et je vais sous un bleu écaillé,
Comme usé par les passages du soleil.
Tout se recouvre de gris ardoise.
Nuls feux ne crépitent plus avant.
Comme si tout entrait dans la léthargie
Habituelle des vivants.
Que j'attendais
Ce répit depuis la naissance,
Tant la lumière peut me terrasser avec force.
Tant les désastres ont la parole dure.
Et que les promesses, les barques
Peuvent nous délaisser
À jamais sur un îlot.

Les espoirs peu à peu
S'épuisent, ne parviennent plus au souffle,
Se transmuent en blessures,
Tout dépérit avec le nouveau jour,
Comme assujetti au désert.
Tout nous pousse vers une plus grande part
De retrait, de silence et d'immobilité.

L'intime en devient graniteux
Et opaque.
Nos souvenirs se sont imprégnés
De trop d'argile.
De même que certains appels vifs
Sont exposés au plein vent, s'étalent
Comme des ailes de cormoran
Sur un écueil rocheux
Qui des brisants à peine émerge.

En certaines heures plus vides,
Les songes, les enluminures
Peu à peu s'affadissent.
Ainsi que cessent de flamboyer
Le désirable, les anciennes rosaces
Au creux de l'être…
Un grand pan de merveilleux
S'est effondré.

Trop de morts en nous coexistent,
Trop de vocables frustes se forment
En secret, à force
De ne plus savoir refléter l'amour,
Les éclats des yeux d'enfant,
Ni de traduire les appels du matin.
Trop d'échecs muets rongent
Lentement la vie, tombent
Comme des stalactites autour du cœur.

Mais ce qui paraît clos en nous,
Devenu irréel,
Peut guérir, germer comme une semence.
Il suffirait d'une secousse,
D'un grand mouvement d'air
Qui franchit les heures.
Et que louvoient adroitement
Les regards neufs, dans le chaos,
Que s'illuminent des images aux couleurs franches
Comme des gemmes,
Et que tout s'oriente vers l'espace illimité
Où vont les oiseaux.

LE MOT

À *Claire Varin.*

Le mot introuvable
Se dit avec les lueurs de l'herbe.
Avec la grâce qui dessine
La femme en perfection.
Avec l'ocre adouci des nuages
Au-dessus d'un campanile.
Ou quelquefois il se condense
Au creux d'une perle,
Dans l'attente du regard
Qui a reçu l'éclair.

Sans cesse l'urgence s'impose
De vivre le bleu sans broncher,
De bien s'y polir.
Alors seulement les mots
Plus allégés de lumière
Se lancent-ils sur la piste
Qu'effleurent les pensées de mer.
Et ne recherchent-ils, plus discrètement,
Que les nids, les saules
Penchés contre la rivière.

Et lorsque la douceur devient fabuleuse,
Se trace à peine avec le sourire,
Une larme glisse lente jusqu'à la bouche
Pour ranimer le vocable épuisé.
Lui redonnant l'espace
Qui peut encor le faire résonner,
Lui permettant de dire le monde
Avec la souplesse d'une sterne.

Avant que, de nouveau,
Les brasillements se taisent dans la tempête,
Que la faille de l'être ne s'entrouvre,
Dès que la mort pressante se rapproche.

Tout mot ne peut réfléchir son cristal,
Propager sa résonance,
Que si l'oreille, le cœur s'illuminent
À son contact,
Que les gazouillements s'y mêlent
Dès le premier pastel de l'aube,
Avec l'éveil immense de la fontaine
Qui seule désaltère
L'amour sorti de la nuit.

Car le mot largement respire,
Et jamais ne prend le détour
D'une colonne tronquée,
D'un tombeau en magnificence.
Il attend que le firmament ait déjà reçu son hôte,
Que l'eau proche soit claire, sans algues,
Provienne d'un torrent de printemps,
À l'écart des marais putrides.

Tout s'élève de la sorte depuis l'extrême
Pointe de l'âme, béguinage
De silence où l'intemporel peut nidifier,
Apprendre à survivre malgré la désolation.
Où la supplication se lie à l'essentiel,
À ce qui a connu le prodige.
Où la vie se laisse tisser par des ailes,
Comme un papillon s'échappe du cocon,
Et une flamme plus fine
S'élance et franchit le désir.

DÉLUGE, POÈME

Avec chaque poème,
Il faut sortir du désert préalable,
Partir de l'après-déluge pensé comme un matin
Toujours recommencé.

Sortir du désert,
Mais avec des hymnes écrues,
Encor toutes frémissantes de leur naissance.
Abolir, avant tout,
Ce qui ne parvient plus à se maintenir
Avec des mots bien sertis
Que l'hécatombe ne saurait atteindre.

Car le poème mûrit,
Tout en veillant sur la nuit.
Fuit les écrans, les éclairages
De fond de scène, les paroles
Frelatées à trop tenter de nous distraire.
Comme il s'éloigne de la vie oscillante,
Des mirages,
Pour mieux se rapprocher
De la flamme.

Tout peut prendre sa source
Dans un temps qui ne s'est pas égrené.
Dans l'ouvert vibrant.
Toucher l'être en traversant
L'incomparable.
En soupesant les infinis
Du plus proche à l'inaccessible.
En écartant ce qui présage
L'anéantissement,
La fin de l'éclat.

Et lorsque le poème s'approche du souffle
Déjà prêt à se glacer,
Le contourne comme un rayon :
En lui tout rejoint l'absolu du levant.
Tandis que l'allégé, en retrait,
Délaisse le poids des peines,
Commence déjà à s'unifier.

Ainsi, sur le tour,
Le poème continue de se modeler
En s'imprégnant des reflets d'opale,
Pressent des chemins qui n'ont jamais été esquissés,
Des sentiers pointés vers les cibles
Les plus rarement perceptibles.

Et toujours avec une pudeur extrême,
Avec l'espoir démesuré de croiser
Les vrais invisibles en cortège,
Qui viennent par-devant
Avec de nouveaux arpèges,
Des hardiesses de chants
Bouleversants d'aigus et de résonance.

LA FONTAINE

À Laurence.

Suivre l'oiseau qui niche
Dans le matin, et fortifie son refuge
Avec les rayons de la première aurore :
Seule façon de se dépêtrer du désordre
Et d'atteindre une altitude suffisante.
De survoler le silence.
De bien axer l'amour
Sur le cœur.

Trop tôt, sur notre parcours,
Il y aura bien assez d'espaces vides,
De bêtes momifiées,
De gisants noircis
– De « statues mortes », dit l'enfant –
Par le vent et la sécheresse.

Car toujours nous allons vers l'éternel,
Même en douleur,
Avec le jour qui rouvre
Constamment la blessure ancienne.
Tandis qu'alentour des ruines se dégagent,
Que nous avions crues ensevelies
Sous nos morts successives.

D'étranges mouvements de mémoire
Nous font basculer, perdre le sens
Du chemin qui conduisait droitement
À l'intemporel, sans pensées de traverse.
Loin des périples par mer,
Des barques tournoyantes dans l'affolement
Des vagues, avec la seule écume
Comme présence.

Mais nous revenons lentement
Vers des herbes en douceur,
Qu'un friselis effleure à peine.
Vers le jardin des mots
En quête d'arômes et d'étincellements.
Fraîches images dispersées
Parmi les tiges, les ramures
Si claires dès que l'effroi a quitté le contour
Des feuilles et des corolles.

Il en faut peu pour revenir parmi les ombres…
Un seul chuchotement de voix
Qui n'a de cesse de nous enténébrer,
Avec un son d'ortie et de pierraille.
Un poids de brasier en nous,
Qui ne se serait jamais dégagé de la nuit.
Ni des menaces d'éboulement
Depuis les hauts flancs des banquises.

Et lorsque tout s'est tu,
Et d'abord les plaintes,
Ou que l'angoisse s'est perdue
Dans les replis du sommeil,
La flamme la plus subtile
Peut nous marquer, nous adapter
Au courant solaire, aux lueurs disséminées
Ici et là lors de chacun de nos parcours.
Nous relier à chaque mort qui a tracé
Sa voie, alors que le roc s'entrouvrait
Pour le laisser partir avec sa parole.

SECOUSSE

Le profond noir du puits
Annonce la nuit de toute mort,
La pression des instants.
L'épouvante extrême
Devant la perte de tous repères…
Vienne la clarté nouvelle,
L'offrande du levant.
Telle une ombre d'eau
Soudain saturée de brillance
Sous le soleil qui passe.

Trop de remous terrestres
Élargissent nos fêlures,
Tout s'agite, dissone avec le cœur.
Même si nous protégeons toujours
La lampe discrète
Qui veille sur la parole,
Sur l'ordre intense
Des mots déchiffrant le sens des ailes
Et des flammes.

Certes, nous avons vieilli…
(Même si sans cesse nous repoussons la sécheresse.)
De même que les lancées des martinets,
Là-haut, s'affaiblissent.
Ou que la neige étincelante
À la boue entremêle ses cristaux.
Ainsi tout retombe, une autre fois,
À la merci des heures
Qui nous délabrent,
Nous rapprochent prématurément
Des grandes aires de l'intemporel
À peine préservées.

Alors nous nous sentons
En péril, paniqués,
Près de glisser dans la bourbe.
Comme une branche tombante,
Au-dessus de la rivière, se fige
Dans la glace qui se forme
Durant la nuit.

Le temps intime, qui nous démembre,
Répercute l'angoisse
Sans réconfort de lueurs minimes.
Mais il nous faut encor
Pouvoir accueillir les présences,
Comme nous le faisions
En tous matins d'enchantement.
Et nous lever comme s'il n'y avait plus d'ombres,
De souffrance à gué.

Mais comment retrouver le chemin de l'allée
Flamboyante qui coupe la rivière ?
S'élancer dans une rose des vents
Gorgée d'azur
– Comme l'alouette monte en plénitude de sons –,
Raviver les éclats les plus purs
Préservés en nous,
Les joyaux de l'inaccessible,
Les échos de cimes lointaines,
Qui, jusqu'à maintenant,
Ont guidé nos jours les plus accomplis ?

DÉBRIS

À Pierre Nepveu.

En nous, dans les paysages,
Le souffle est tantôt pressé par le froid,
Par la nuit, par l'épuisement qui s'insinue,
Renforce la désolation ;
Tantôt vivifié par le feu,
Par les visions
Qui nous tiennent en éveil,
Dans la constance de l'aube.

Fréquemment nous sommes
Hantés par des signes, agressés
Par des vents rudes,
Par des images, des paroles dissolvantes
Mal reliées en nous.
Mis à nu par des forces qui tranchent
Notre réel,
Tels des socs dans l'intimité de l'être.
Par des ruissellements
En pleine poitrine, comme si la vie
Déjà s'écoulait.

(Non par manque de présence,
De vigilance,
Lorsque les premiers merles,
Invisibles dans les ramures,
Lancent au-devant du matin
Leurs appels.)

Fatalement nous sommes traversés
Par une rivière souterraine,
Charriant les débris
De ce qui n'a pu être maintenu
En altitude, auprès du bleu.
Faute d'amplitude en soi,
Et d'implorations assez vives.

Atterrés par le ténébreux,
Appauvris par notre aveuglement
Sous les vagues du soleil
Et les mouvements d'ailes
Qui élargissent l'horizon.
Mendiants de ce qui n'a pu
Nous rejoindre dans nos épreuves,
Dans nos défaillances.

Forcément,
Au sein de pareils désordres,
Nous perdons contact
Avec le calme des grands arbres qui se replient
Sur leurs ombres.
Avec la douceur arrondie des vaguelettes.

(C'est alors que pourraient nous rejoindre
Des désirs inattendus,
Semblables à des envolées de priants
Dans la pénombre d'un chœur.
À des icônes anciennes
Nous sollicitant avec douceur,
Comme un rai caresse,
Réjouit le visage d'un enfant.)

Mais il se produit plutôt
Une accoutumance à la cendre,
À ce qui se morcelle dans les souvenirs
Des amours, des escalades,
Des longues randonnées auprès de la mer.
Un détachement des images intimes.
Comme si, malgré certains appels d'infini,
La chagrin consumant était plus actif,
Et que nous ne pouvions plus nous redresser
Avec assez de vision, d'insouciance,
Pour s'en tenir à l'oiseau
Qui va dans le soleil.

MISÉRICORDE

Il faisait terreux à plein regard.
On avait vidé, près de moi,
L'amande glorieuse de ses figures.

Or je n'avais souci que d'une présence.
Même pris dans une torsade
Qui montait pour amplifier
Les tonalités justes,
Et libérer les éclats
De la pure lumière des désirants.

Mais comment se pourvoir
De suffisamment d'espoirs,
Ne rien craindre du parcours ?
Tout accueillir
Sans subir un cœur en panique,
À la merci des bourrasques.
Sans céder au désarroi.

Peu à peu, comme la nuit se dissipe
Avec les primes lueurs,
De larges souhaits nous saisissent.
Tout s'apaise.
Et l'heure s'adapte à l'amour
Largement ouvert.
À ce qui allège la vie.
Et s'accroît la puissance des rémiges.
Tout permet enfin la levée en soi
D'une grandeur patiente :
Celle du vrai regard, au-dessus des abîmes,
Qui projette vivement ses passerelles.

Mais il arrive aussi que se resserrent
Davantage quelques passages arides.
Que des pièges étranges se raffinent,
Que des mages fassent miroiter
Des voix de sirènes,
Bien au-dessus de l'écume
Et des tourbillons.

Et surtout que le seuil convoité
Au loin demeure inaccessible,
Sans flammes envahissantes de séraphins
Qui seuls, comme un astre,
Dispersent les ténèbres.
Sans cette tendresse en nous
Qui permet de partager
La lente douceur en solitude
Des orantes les plus ardentes.

Et pourtant, tout s'élève avec légèreté,
En silence, par-delà les murs,
Comme s'élèvent les oiseaux
Du fond du monde.
Tout s'avance au-devant par afflux
De miséricorde, met à nu les songes,
Disloque les trajets
Que l'on voulait si cohérents.
Tout nous oriente ainsi dans le sens
Du haut brasier, au-dessus des limites.

Escarpements de l'inoubliable !
S'élançant depuis le foyer le plus entier
Que propose le matin
Jusqu'au marbre illuminant dressant
Le porche, l'espace du seul temple.

Maintenant l'esprit ne s'oriente plus
Vers l'intemporel
Que pour entrevoir l'unique,
Restituer sa gloire à la mandorle,
Et s'accorder peut-être avec sa splendeur,
Et se fondre à l'or du Verbe en majesté,
Qui va dissoudre le temps,
Attirer les morts en merveille.

TABLE

DU MÊME AUTEUR

Ces anges de sang, poésie, Montréal, l'Hexagone, 1955.

Séquences de l'aile, poésie, avec une sérigraphie originale d'André Jasmin, Montréal, l'Hexagone, 1958.

Visages d'Edgard Varèse, essais, sous la direction de Fernand Ouellette, Montréal, l'Hexagone, 1960.

Le soleil sous la mort, poésie, Montréal, l'Hexagone, 1965; *Le soleil sous la mort*, précédé de *Séquences de l'aile* et *Radiographies*, Montréal, Typo, 1995.

Edgard Varèse, biographie, Paris, Seghers, 1966; Paris, Christian Bourgois, 1989. Traductions en anglais à New York et à Londres.

Dans le sombre, poésie, Montréal, l'Hexagone, 1967.

Les actes retrouvés, essais, Montréal, Hurtubise HMH, 1970.

Poésie (1953-1971), poésie, Montréal, l'Hexagone, 1972.

Depuis Novalis, errance et gloses, essai, Montréal, Hurtubise HMH, 1973; nouvelle édition, Saint-Hippolyte, Le Noroît, coll. «Chemins de traverse», 1999.

Journal dénoué, autobiographie, Montréal, Les Presses de l'Université de Montréal, 1974; préface de Gilles Marcotte, Montréal, l'Hexagone, coll. «Typo», 1988.

Errances, poésie, avec des sérigraphies de Fernand Toupin, Montréal, Éditions Bourguignon +, 1975.

Ici, ailleurs, la lumière, poésie, avec trois dessins originaux de Jean-Paul Jérôme, Montréal, l'Hexagone, 1977.

Tu regardais intensément Geneviève, roman, Montréal, Les Quinze, éditeur, 1978; préface de Joseph Bonenfant, Montréal, l'Hexagone, coll. «Typo», 1990.

Écrire en notre temps, essais, Montréal, Hurtubise HMH, 1979.

À découvert, poésie, avec une gravure originale et deux dessins de Gérard Tremblay, Québec, Éditions Parallèles, 1979.

La mort vive, roman, Montréal, Les Quinze, éditeur, 1980 ; préface de Pierre Ouellet, Montréal, l'Hexagone, coll. « Typo », 1992.

En la nuit, la mer (1972-1980), poésie, Montréal, l'Hexagone, coll. « Rétrospectives », 1981.

Éveils, poésie, avec neuf lithographies de Léon Bellefleur, Montréal, L'Obsidienne, 1982.

Lucie ou un midi en novembre, roman, Montréal, Éditions du Boréal, 1985.

Nella Notte, Il Mare et altre poesie, traduction d'Antonella Emina Martinetto, Rome, Bulzoni editore, 1986.

Les heures, poésie, Montréal et Seyssel, l'Hexagone et Champ Vallon, 1987 ; Montréal, l'Hexagone, coll. « Typo », 1988.

Ouvertures, essais, Montréal et Troyes, l'Hexagone et Librairie Bleue, 1988.

Wells of Light, poésie, traduction de Barry Callaghan et Ray Ellenwood, Toronto, Exile Editions, 1989.

Commencements, essais, Montréal, l'Hexagone, 1992.

Miscellanées en l'honneur de Gilles Marcotte, en collaboration, Montréal, Fides, 1995.

Pour saluer Robert Marteau, en collaboration, Seyssel, Champ Vallon, 1996.

En forme de trajet, essais, Saint-Hippolyte, Le Noroît, coll. « Chemins de traverse », 1996.

Les actes retrouvés. Regards d'un poète, essais, présentation de Michel Gaulin, Montréal, Bibliothèque québécoise, 1996.

Je serai l'Amour. Trajets avec Thérèse de Lisieux, essai, Montréal, Fides, 1996.

Au delà du passage, poésie, Montréal, l'Hexagone, 1997.

Figures intérieures, essai, Montréal, Leméac, coll. « L'écritoire », 1997.

L'expérience de Dieu avec Dina Bélanger, introduction et textes choisis, Montréal, Fides, coll. « L'expérience de Dieu », 1998.

Dans l'éclat du Royaume, essai, avec six dessins originaux de Mario Merola, Montréal, Fides, 1999.

Le Chemin de la Croix, essai, avec les émaux de madame l'abbesse Marie-Jean Lord, o.s.b., Montréal, Fides, 2000.

L'expérience de Dieu avec Délia Tétreault, introduction et textes choisis, Montréal, Fides, coll. «L'expérience de Dieu», 2000.

Choix de poèmes (1955-1997), présentation de Georges Leroux, Montréal, Fides, coll. «du Nénuphar», 2000.

L'expérience de Dieu avec Thérèse de Lisieux, introduction et textes choisis, Montréal, Fides, coll. «L'expérience de Dieu», 2001.

Autres trajets avec Thérèse de Lisieux, Montréal, Fides, 2001.

Le danger du divin, essai, Montréal, Fides, 2002.

Cet ouvrage
composé en New Baskerville corps 11 sur 13
a été achevé d'imprimer
le quinze mars deux mille cinq
sur les presses de Transcontinental
pour le compte des
Éditions de l'Hexagone.

Imprimé au Québec (Canada)